Garantiert MARIMBA lernen

Elisabeth Amandi

Die Methode für Einsteiger und Fortgeschrittene
an Marimba, Xylophon und Vibraphon

Mit **300** internationalen Songs und Konzertstücken

Vom einfachen Kinderlied zum virtuosen Hummelflug

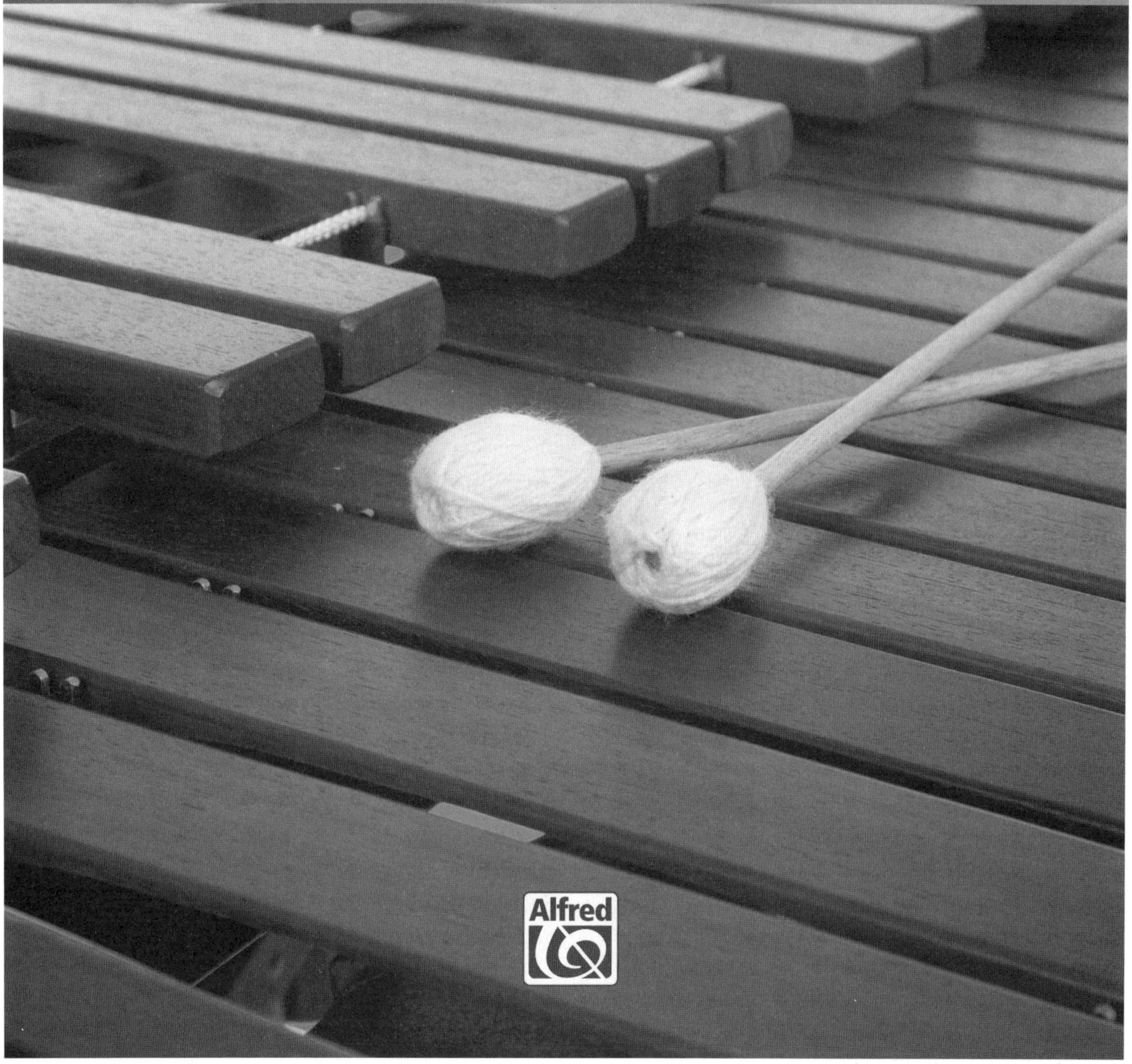

300 Songs im MP3 Format

Alfred

Mein Dank an:

Aus tiefstem Herzen gilt mein Dank zuallererst den beiden wichtigsten Menschen in meinem Leben: meinem Ehemann **Manfred Amandi** und meiner Mutter **Gertrud Völkel**. Ohne sie gäbe es diese Marimbaschule wahrscheinlich nicht.

Meine Mutter hat mir einst unter großen Opfern ermöglicht, an der Musikhochschule Würzburg bei **Prof. Siegfried Fink** Schlagzeug zu studieren, so dass ich die Basis legen konnte für mein weiteres langjähriges intensives Marimbaspiel.

Mitentscheidend für meine Entwicklung war und ist, dass mein Mann Manfred Amandi seit Anfang unseres Zusammenseins mit seinem unerschütterlichen Glauben an meine Fähigkeiten als Marimbaspielerin mir immer Mut gemacht hat. Und gerade in dieser langen Zeit, als ich dieses Lehrwerk **Garantiert Marimba lernen** geschrieben habe, konnte ich dank seiner Geduld und Bereitschaft, mir den Rücken freizuhalten, über ein Jahr lang fast täglich stundenlang kreativ bis zur Vollendung an dieser Marimbaschule arbeiten; riesengroßen Dank dafür.

Ebenso danke ich allen **Konzertveranstaltern**, die mich als Marimba-Solistin engagierten und mir damit die Chance gegeben haben, mein solistisches Marimbaspiel weiter zu verfeinern, um jetzt die daraus gewonnenen Erfahrungen in die vorliegende Marimbaschule einzubringen.

Wichtig ist mir ebenfalls, all meinen **Marimba-SchülerInnen** zu danken, deren Freude am Spielen auf der Marimba mir Anlass war, diese neue wegweisende Marimbaschule zu erstellen. Für und mit ihnen die Schülerkonzerte zu spielen, war und ist mir immer eine große Freude, wie es auf den Fotos mit **Clara, Gabriele, Gudrun, Hendrik, Leonie, Ludwig, Maximilian, Manuel, Niklas** und **Richard** in dieser Schule zu sehen ist.

But last not least danke ich meinen tollen Musikerkollegen **Thomas Petzold** und **Matthias Bielecke** von **Alfred Music** für ihre hervorragende Zusammenarbeit im Team. Dank ihrer professionellen und besonders kreativen Mitwirkung konnte **Garantiert Marimba lernen** in dieser vorbildlichen Form jetzt veröffentlicht werden und steht damit allen Menschen zur Verfügung, die wie ich von der Marimba fasziniert sind.

Elisabeth Amandi

© 2020 by **Alfred** Music Publishing GmbH
info@alfredverlag.de
alfredverlag.de | alfredmusic.de

All Rights Reserved.
Printed in Germany.

Covergestaltung: Matthias Bielecke
Notensatz: Elisabeth Amandi | Thomas Petzold
Layout: Thomas Petzold
Lektorat: Matthias Bielecke und Thomas Petzold
Redaktion und Gesamtleitung: Thomas Petzold
Art.-Nr.: 20288G (Buch & CD)
ISBN-10: 3-947998-22-8
ISBN-13: 978-3-947998-22-7

Fotonachweis:
Frontcover: © Michael Flippo – stock.adobe.com
Backcover: Copyright © by Manfred Amandi
S. 6, 12 (Instrumentenfotos):
Copyright © by Studio 49, Gräfelfing
S. 7–237 (Schlägel- und Konzertfotos):
Copyright © by Manfred Amandi

CD-Produktion: Matthias Bielecke
Marimbamusik: Elisabeth Amandi

Vorwort

Vor einigen Jahren auf der *Musikmesse Frankfurt* ergab sich zwischen **Thomas Petzold** von **Alfred Music** und mir die Idee, meine Erfahrungen als Marimba-Spezialistin in eine **Marimbaschule für Einsteiger und Fortgeschrittene** fließen zu lassen, die eine seit Jahrzehnten am Markt bestehende Publikationslücke schließen sollte.

Bis zu diesem Zeitpunkt hatte ich bereits nach meinem Konzept unterrichtet, das bekannte Lieder mit technischen Übungen kombinierte. Mir fiel auf, dass viele Schüler die technischen Übungen weniger übten als die Lieder. Das kommentierte eine zehnjährige Marimbaschülerin so: *„Die Lieder machen mir einfach mehr Spaß, weil ich sofort höre, wenn ich falsch spiele. Außerdem sind sie kurz und ich habe immer etwas zum Vorspielen, das toll an der Marimba klingt."*

Diese Aussage bewog mich, aus Gründen der Schülermotivation bewusst auf technische Übungen zu verzichten und ausschließlich einprägsame Lieder und Marimbasolos zu verwenden. Als erfahrene Pädagogin war für mich nachvollziehbar: Vertraut klingende Melodien sprechen Kinder und Erwachsene an und optimieren die Umsetzung auf der Marimba.

Logisch durchdacht habe ich die **300 Titel** so angeordnet, dass einer auf dem anderen aufbaut und eine Brücke zum nächsten Stück entsteht. Ein weiteres Plus ist, dass durch die Kürze der Marimbalieder viele unterschiedlichste Bewegungsmuster und rhythmische Varianten vermittelt werden. Dass dabei die Fähigkeiten zum Notenlesen geschult und dazu zahlreiche spieltechnische Fertigkeiten der **Zwei-Schlägel-Technik** geübt werden, spricht ebenfalls dafür.

Ein solches methodisches Ineinandergreifen des Spielmaterials ließ mich zu der Überzeugung kommen, dass jeder Marimbaspieler durch *stetiges Üben* der 300 Musikstücke sein Marimbaspiel so optimiert, dass er jedes Musikstück selbstständig an der Marimba spielen kann.

Zum Aufbau von Garantiert Marimba lernen:
Nach der **Einführung** mit einigen hilfreichen Tipps zu **Marimba, Xylophon und Vibraphon**, für die du diese Schule ebenfalls verwenden kannst, startet das *erste Kapitel* mit Liedern aus drei Tönen vom c' bis zum e'. Bewusst habe ich diese **rhythmisch einfach** mit **Vierteln, Halben und Ganzen Noten** gehalten und den Fokus darauf gerichtet, das Treffen der richtigen Töne zu verinnerlichen. Über die ganze Schule hinweg wird der **Tonraum** stetig nach oben **bis zum g'''** und nach unten **bis zum kleinen e** erweitert. Dazu werden **Tempoangaben** notiert, so dass du das korrekte Spiel zum **Metronom** lernst. Besonders hilfreich ist, dass alle Musiktitel im Originaltempo auf einer **beiliegenden CD im mp3-Format** zu hören sind.

Sehr wichtig sind die ausgeklügelten **Handsätze**, die störende Kreuzungen der Arme vermeiden und schwierige Melodien organisch spielbar machen. Ganz bewusst führe ich die **Kreuz- und B-Vorzeichen** früh ein, so dass du dich bald an die größere Armbewegung von der diatonischen zur chromatischen Tastenreihe gewöhnst. Ebenso früh kommen **dynamische Zeichen** – vom *piano* bis zum *forte* – für die unterschiedlichen Lautstärken zum Einsatz, die die musikalische Interpretation der Lieder wesentlich optimieren.

In den *Kapiteln 2 bis 6* führe ich die rhythmisch anspruchsvolleren Notenwerte wie **Achtel- und Sechzehntelnoten, punktierte Noten und Synkopen** ein.

In den *Kapiteln 7 und 8* rückt das **musikalische Marimbaspiel** in den Fokus. Beim Spielen eher ruhiger Musik mit *durchgehendem Tremolo* lernst du, einen besonderen Klangzauber zu schaffen, wie er so nur auf der Marimba möglich ist.

Die mit vielen **Artikulationsarten** wie *Legato, Staccato, Tenuto* und *Akzente* versehen, stark synkopierten, lateinamerikanischen Lieder im *8. Kapitel* stellen eine weitere Herausforderung dar.

Im abschließenden *9. Kapitel* stelle ich **Marimbastücke aus meinen Konzertprogrammen** vor und lasse es mit dem *Hummelflug* als spieltechnischen Höhepunkt mit zwei Schlägeln enden.

Ich versichere dir, dass mir bei der Auswahl der Musikstücke wichtig war, dass du dich damit gut fühlst, wenn du sie lernst, egal wie schwierig sie sind.

Für mich selbst ist das Marimbaspiel immer wieder Genuss pur und gibt meinem Leben den besonderen Kick. In diesem Sinne: Es lohnt sich, mit **Garantiert Marimba lernen** anzufangen. So gebe ich dir zum Schluss noch den Tipp: **Genieße jeden Moment an deiner Marimba!**

Aus tiefstem Herzen

Deine Elisabeth Amandi

Inhaltsverzeichnis

VORWORT	3
DIE MARIMBA – Kurze Einführung	6
1. Auswahl der Marimba	6
Der Tonumfang	6
Neu oder gebraucht?	7
2. Auswahl der Schlägel	7
Der Stiel	7
Der Schlägelkopf	7
3. Haltung bewahren beim Spielen	9
Einsatz des ganzen Körpers	9
Die Schlägelhaltung	10
Xylophon und Vibraphon	12
Die Marimba-Tasten	13
Das Notensystem	14
KAPITEL 1 – Viertel, Halbe, Ganze Noten	15
Die Notendauer	15
Die ersten Marimba-Songs	16
Viertelnoten und Viertelpausen	16
Die ersten drei Töne: c' – d' – e'	16
Der Handsatz	17
Zwei neue Töne: f' – g'	19
Halbe und Ganze Noten und deren Pausen	21
Doppelschläge	22
Der Auftakt	23
Ein neuer Ton: a'	23
Der 3/4-Takt	24
Die Wiederholung (Wiederholungszeichen)	25
Dein erstes Tremolo	26
Die punktierte Halbe Note	26
Die Zäsur (Ton neu ansetzen)	27
Der Haltebogen	28
Tonart-Vorzeichen	28
Das Kreuz-Vorzeichen	29
Die Tonart D-Dur	29
Ritardando (rit.)	31
Die Wiederholungsklammer	33
Ein neuer Ton: h'	33
Eine neue Taste in der oberen Reihe: cis'	36
Das zweigestrichene c"	38
Die Tonart G-Dur	39
Das zweigestrichene d"	40
Der 6/4-Takt	41
Das zweigestrichene cis"	42
Dynamik	44
Die Tonart F-Dur	46
Das b-Vorzeichen	46
Das eingestrichene b'	46
Das Kreuz-Versetzungszeichen	48
Das eingestrichene gis'	49
Das kleine h	50
Das kleine a	52
Dynamikwechsel und Orientierungszeichen	54
Die Tonart A-Dur	56
Zwei weitere Töne mit Kreuz-Vorzeichen: eis' und his'	59
Das zweigestrichene e"	60
Das zweigestrichene f"	62
Das zweigestrichene fis"	63
Die Tonart E-Dur	65
Das eingestrichene dis'	65
Das eingestrichene ais'	68
Das Auflösungszeichen	68
KAPITEL 2 – Achtelnoten	71
Achtelnoten	72
Die Tonart B-Dur	74
Zwei b-Vorzeichen	74
Das eingestrichene es'	75
Das zweigestrichene es"	80
Die Tonart Es-Dur	82
Drei b-Vorzeichen	82
Der 2/4-Takt	83
Das kleine as	86
Das kleine g	88
Taktwechsel	90
Die Tonart As-Dur	92
Vier b-Vorzeichen	92
KAPITEL 3 – Achtelpause und punktierte Viertelnote	101
Die Achtelpause	102
Die Fermate	103
Die punktierte Viertelnote mit anschließender Achtelnote	105
Das kleine f bzw. fis	106
Das Tremolo auf der punktierten Viertel	119
KAPITEL 4 – Achtelsynkope	130
Die Achtelsynkope Ta ki_a ki	130
Die „abgeschnittene" Synkope Ta ki a i	134
Crescendo und decrescendo	136
KAPITEL 5 – Sechzehntelnoten	138
Die Sechzehntelnoten	138
Sechzehntelfigur 1: Ta ra ki	140
Sechzehntelfigur 2: Ta ki ri	142
Temposchwankungen (rit. und a tempo)	144
Der 5/4-Takt	145
Das kleine gis	145
Sechzehntelfigur 3: n ki ri	146
KAPITEL 6 – Punktierte Achtelnote und Sechzehntelsynkope	149
Die punktierte Achtelnote mit anschließender Sechzehntelnote	149
Das kleine ais	152
Das zweigestrichene dis"	158
Die Sechzehntelsynkope Ta ra_i ri	160
Das zweigestrichene g"	164
KAPITEL 7 – MarimBalance: Musikalische Gestaltung 1	167
Musikalische Gestaltung mit. fortgeführtem Tremolo	167
KAPITEL 8 – MarimBalance: Musikalische Gestaltung 2	176
Musikalische Gestaltung mit Legato und Staccato	176
Der Bindebogen (Legatobogen)	176
Staccato	178
Die Tonart Des-Dur	179
Fünf b-Vorzeichen	179
Wellendynamik	180
Tenuto	182
Akzente	184
Das zweigestrichene a"	192
Marcato	192
Die Tonart H-Dur	196
Fünf Kreuz-Vorzeichen	196
Das zweigestrichene h"	201
Das zweigestrichene b"	204
Das dreigestrichene c'" und d'"	206
KAPITEL 9 – Konzertstücke aus meinem Programm	209
Handsatzregeln	209
Dynamik selbst festlegen	209
Das zweigestrichene as"	210
Die dreigestrichenen Töne cis'" und e'"	214
Swing	219
Die dreigestrichenen Töne f'", fis'" und g'"	221
Das kleine e	224
Glissando	226
Zweiunddreißigstelnoten	228

Alle 300 Lieder und Marimbasolos auf einen Blick

CD	Titel	Seite
197	A B C, die Katze liegt im Schnee	125
194	Aber Heidschi Bumbeidschi	124
116	Ade zur guten Nacht	85
253	Alle Jahre wieder	169
15	Alle meine Entchen	24
181	Alle Vögel sind schon da	119
74	Alles schwingt (Solo 3)	61
126	Alleweil ein wenig lustig	90
266	Aloah oe	180
201	Als wir jüngst in Regensburg waren	127
152	Am Weihnachtsbaume, die Lichter	104
255	Amazing Grace	170
212	Aniela tanzt (Solo 7)	136
137	Auf der Mauer, auf der Lauer	94
154	Auf der schwäbsche Eisebahne	105
8	Auf der Wippe	20
218	Auf einem Baum ein Kuckuck	142
86	Auf unsrer Wiese gehet was	73
179	Auf, auf zum fröhlichen Jagen	118
261	Auld Lang Syne	173
112	Aura Lee	83
282	Ay, Ay, Ay	201
30	Backe, backe Kuchen	34
98	Bald gras ich am Neckar	78
100	Banks of the Ohio	78
90	Bäuerlein, Bäuerlein tick tick tack	75
82	Billy Boy	66
173	Blue Tail Fly (Jimmy Crack Corn)	114
147	Bona nox! Bist a rechta Ox	99
78	Bonifatia (Solo 4)	64
63	Brüderchen, komm tanz mit mir	52
206	Camptown Races	132
67	Chiarella (Solo 2)	55
273	Choucoune	186
80	Christ ist geboren	66
284	Cielito lindo	204
53	Cowboy Bill	47
297	Danse des mirlitons	228
298	Danse Russe Trepak	231
5	Das Huhn	18
38	Das kleine Murmeltier	37
202	Das Wandern ist des Müllers Lust	128
281	Day-O (The Banana Boat Song)	200
241	De Hamborger Veermaster	156
300	Der Hummelflug	238
231	Der Jäger in dem grünen Wald	152
97	Der Kuckuck und der Esel	77
81	Der Mond ist aufgegangen	66
37	Der Regen singt im Herbst	37
156	Der Strohschneider	106
114	Der Winter ist vergangen	84
222	Desideria (Solo 11)	145
260	Die Blümelein, sie schlafen	173
85	Die Fröschelchen	72
48	Die goldne Brücke	43
113	Die Leineweber haben eine saubre Zunft	84
93	Die lustigen Hammerschmiedsgsölln	76
61	Die Sorglose	51
178	Die Tiroler sind lustig	117
219	Die Vogelhochzeit	142
199	Dixie (Dixie's Land)	126
31	Dornröschen war ein schönes Kind	34
134	Drei Chinesen mit dem Kontrabass	93
92	Ei, so wolln wir noch einmal	76
29	Eia popeia	33
25	Eia still	31
64	Ein Jäger aus Kurpfalz	53
172	Ein Mann, der sich Kolumbus nannt	114
148	Ein Schneider fing ne Maus	102
128	Eins, zwei, drei, vier, fünf, sechs, sieben	91
208	El céfiro (The Breeze)	133
287	El Choclo	210
280	El Condor Pasa	198
101	El condor d'Amelia	79
250	Elsabe (Solo 18)	164
230	Ennstaler Polka	152
204	Epo i tai tai e	131
289	Erinnerung an Zirkus Renz	214
149	Es geht eine Zipfelmütze	103
72	Es ist ein Ros entsprungen	60
39	Es regnet es regnet	38
171	Es tanzt ein Bi-Ba-Butzemann	113
36	Es tanzt eine Maus	36
121	Es tönen die Lieder	87
268	Es wird scho glei dumpa	182
7	Fing mir eine Mücke heut	20
290	Flavina (Solo 26)	218
35	Freu dich Erd und Sternenzelt	36
182	Freude schöner Götterfunken	119
75	Freut euch des Lebens	62
177	Fröhliche Weihnacht überall	117
141	Fuchs, du hast die Gans gestohlen	96
238	Fum Fum Fum	155
214	Galatea (Solo 9)	139
52	Gatatumba	45
263	Genevieve mon amour (Solo 20)	177
245	Good Night Ladies	158
257	Greensleeves	171
20	Gretel Pastetel	27
110	Grün, grün, grün sind alle meine Kleider	83
256	Guten Abend, gut' Nacht	170
180	Hab mein Wagen voll geladen	118
145	Hab' ne Tante aus Marokko	98
285	Habanera	206
26	Hambani kahle	32
23	Hänschen klein ging allein	30
28	Hänsel und Gretel	33
225	Happy Birthday to You	150
130	Harfenklänge, Himmelstöne	91
136	Häslein in der Grube	94
217	Hava Nagila	141
175	Heißa Kathreinerle	115
135	Hejo, spann den Wagen an	94
163	Heut ist ein freudenreicher Tag	109
224	Heute geht Ramona tanzen (Solo 12)	147
3	Hin und her, das ist nicht schwer	17
170	Home on the Range	113
122	Hopp, hopp, hopp	88
13	Hoppe hoppe Reiter	23
187	Horch, es singt der Glocke Ton	121
146	Horch, was kommt von draußen rein	98
19	Hört ihr Drescher, sie dreschen im Takt	26
62	I Gave My Love a Cherry	52
168	I'll Tell Me Ma (The Wind)	112
174	Ich bin der Doktor Eisenbart	115
159	Ich bin ein Musikante	108
12	Ich hört ein Sichlein rauschen	23
45	Ich sah drei Schiffe kommen her	41
249	Idnama (Solo 17)	162
144	If You're Happy and You Know It	97
51	Ihr Kinderlein kommet	45
42	Im Märzen der Bauer	40
54	In Mutters Stübele	47
6	Ist ein Mann in Brunn' gefallen	19
234	Ja, i kenn Leut	153
278	Jacinta amore mio (Solo 25)	195
283	Jamaica Farewell	202
271	Janika (Solo 21)	184
84	Jarabe tapatio (Mexican Hat Dance)	69
127	Jetzt fängt an das schöne Frühjahr an	90
167	Jingle Bells	111
246	John Brown's Body	159
73	Johnny I Hardly Knew Ye	60
34	Joseph, lieber Joseph mein	35
221	Juckar	144
286	Kalinka	207
277	Katjana (Solo 24)	194
153	Kein schöner Land in dieser Zeit	104
59	Kelly from Killane	50
1	Kinder kommt zu uns herein	17
131	Kindlein mein, schlaf doch ein	92
165	Klementia und Estella (Solo 5)	110
103	Kling Glöckchen, klingeling	79
248	Kolombina (Solo 16)	161
56	Komm lieber Mai und mache	48
108	Kommt ein Vogel geflogen	81
17	Kommt und lasst uns tanzen	25
138	Kookaburra	95
16	Kuckuck, Kuckuck	24
226	Kum ba yah („Come by Here")	150
270	La Cinquantaine (Golden Wedding)	83
279	La Cucaracha	196
276	La Cumparsita	192
66	La fata d'Amalfi	54
83	La pajarera	67
267	La Paloma	181
139	Lasst doch der Jugend ihren Lauf	95
105	Lasst uns froh und munter sein	80
133	Laterne, Laterne	93
295	Le cygne (Der Schwan)	225
252	Leise rieselt der Schnee	168
189	Les anges dans nos campagnes	122
115	Les tramways de Montpellier	85
43	Liebe Schwester, tanz mit mir	40
140	Limu limu lima	96
14	Lirum Larum Loeffelstiel	24
272	Lisiana (Solo 22)	185
91	Little Brown Jug	75
269	Londonderry Air (Danny Boy)	182
94	Love is Teasing	76
123	Ma come bali bela bimba	88
58	Macht hoch die Tür	49
262	Malvidena (Solo 19)	174
259	Maria durch den Dornwald ging	172
76	Mein Hut, der hat drei Ecken	63
87	Meine Mühle, die braucht Wind	73
244	Miriam (Solo 15)	158
117	Morgen Kinder wird's was geben	85
33	Morgen kommt der Weihnachtsmann	35
228	Muss i denn zum Städtele hinaus	151
60	My Bonnie Lies over the Ocean	51
239	Nadinka (Solo 14)	155
233	Nikolo bum bum	153
240	Nobody Knows the Trouble I've Seen	156
294	Nodanja (Solo 30)	223
44	Nun ruhen alle Wälder	41
65	Nun senkt die Nacht sich	54
229	O Tannenbaum	151
293	Octavia (Solo 29)	221
185	Oh du fröhliche	120
150	Oh heppo di taja he	103
79	Oh mein liebes teures Kindchen	65
186	Oh My Darling Clementine	121
169	Oh Susanna	112
27	Oh When the Saints	32
21	Oh wie wohl ist mir am Abend	27
89	Old MacDonald Had a Farm	74
291	Pamelinda (Solo 27)	219
22	Patsy-ory-ory-aye	28
18	Petersilie Suppenkraut	25
125	Pick a Bale of Cotton	89
223	Potschata Zwoaschritt	146
275	Pregúntale a las estrellas	190
120	Primavera	87
124	Put Your Little Foot	89
215	Radegund (Solo 10)	140
132	Red River Valley	93
57	Rig-a-jig-jig	48
55	Sagest mir nicht Maria	47
191	Sah ein Knab ein Röslein stehn	123
107	Sakura	81
247	Sambaleé	160
200	Santa Lucia	127
11	Schlaf mein Kind, schlaf ein	22
9	Schlaf, Kindlein schlaf	21
264	Schlaf, mein Liebling	178
188	Schlafe, Kindlein	121
96	Schneeflöckchen, Weißröckchen	77
50	Schön ist die Erde	44
184	Schön ist die Welt	120
157	Schön ist ein Zylinderhut	107
109	Seht die Mühle, wie sie geht	81
288	Sherele	212
88	Skip to my Lou	73
274	Solange ma cherie (Solo 23)	188
104	Sonne, Sonne, scheine	80
251	Still, still, still, weils Kindlein schlafen	168
254	Stille Nacht, heilige Nacht	169
24	Stille, stille kein Geräusch gemacht	30
2	Storch Schnibelschnabel	17
160	Streets of Laredo (Cowboy's Lament)	108
10	Summ, Summ, Summ	22
46	Sur le pont d'Avignon	42
195	Suse, liebe Suse, was raschelt im Stroh	124
190	Süßer die Glocken nie klingen	122
242	Swanee River (Old Folks at Home)	157
47	Sweet Betsy from Pike	43
237	Tabita (Solo 13)	154
213	Talatawi (Solo 8)	139
77	Taler, Taler, du musst wandern	63
296	Tango Argentino	226
111	Tanz, Kindlein tanz	83
209	Tanz, tanz, dreh dich im Kreise	133
118	The Ash Grove	86
41	The Billboard	39
299	The Entertainer	234
258	The First Noel	172
119	The Galway Piper	87
158	The Scolding Wife	107
70	The Tramp	58
196	The Wild Rover	125
176	The Yellow Rose of Texas	116
207	Tom Dooley	132
236	Traccas	154
151	Trarira, der Sommer, der ist da	104
198	Tritt in den Kreis, meine Rosa	126
216	Trois jeunes tambours	141
192	Turn Ye To Me	123
227	Übers Bacherl bin i gsprunga	150
220	Und als der Schneider Jahrtag hatten	143
292	Velika va al ballo (Solo 28)	220
102	Viel Glück und viel Segen	79
71	Vieni sul mar	59
210	Viviane (Solo 6)	134
142	Vögel singen, Blumen blühen	96
69	Vom Himmel hoch, da komm ich her	57
193	Wachet auf	124
161	Wann d'Vogerln im Wald	108
205	We Shall Overcome	131
106	We Wish You a Merry Christmas	80
143	Weißt du, wie viel Sternlein stehen	97
129	Wenn die Bettelleute tanzen	91
183	Wenn ich ein Vöglein wär	120
32	Wenn wir erklimmen	131
68	Wer sitzt auf unsrer Mauer?	56
164	Wer will fleißige Handwerker sehn	110
243	What Shall We Do	157
211	When I Was Single	135
162	Widele, wedele, hinterm Städele	109
265	Wie schön blüht uns der Maien	180
235	Winde wehn, Schiffe gehn	154
95	Winter ade	77
49	Wir fahren nach Jerusalem	43
232	Wohlauf die Luft geht frisch und rein	153
99	Wollt ihr wissen?	78
155	Yankee Doodle	106
40	Zeigt her eure Füße	38
4	Zicke Zacke (Solo 1)	18
166	Zum Tanze, da geht ein Mädel	110

Die Marimba – Kurze Einführung

1. Auswahl der Marimba

Bevor man sich eine Marimba anschafft, sollte man sich für einen Hersteller entscheiden; denn unterschiedlich ist neben dem Preis auch die jeweilige *Klangcharakteristik*. Und eines weiß ich aus langjähriger Erfahrung, nicht die teuerste Marimba klingt unbedingt am besten!

Der Tonumfang

Dann muss man entscheiden, welchen *Tonumfang* die Marimba haben sollte, denn davon hängt entscheidend die Länge des Instruments und ihr Platzbedarf ab.

Marimba Einsteigermodell

Die *kürzesten Übe-Marimbas* umfassen drei Oktaven vom c^1 bis zum c^4. Das ideale *Marimba-Einsteigermodell* reicht in der Tiefe vom großen A bis hinauf zum c^4, womit schon viele fortgeschrittene Stücke gespielt werden können.

Dann werden Marimbas angeboten, die nach unten bis zum großen F bzw. großen E und letztendlich bis zum großen C reichen, also zwei Oktaven tiefer sind als die kürzeste Marimba. Manche Hersteller bieten auch sogenannte *Xylorimbas* an, die nach oben sogar bis zum c^5 reichen wie ein *Xylophon*.

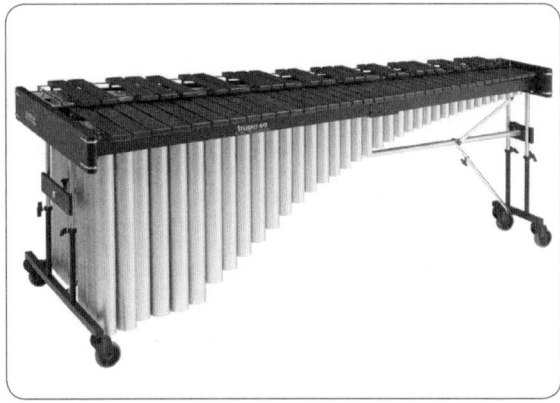

Die Marimba mit einem Umfang von fünf Oktaven

Grundsätzlich sind die größeren und tieferen Marimbas erheblich teurer, weil das korrekte Schleifen der tiefen Tasten sehr viel Handarbeit erfordert, um sie ebenso stabil zu bauen wie die kompakteren hohen Töne.

Wer am Anfang noch unsicher ist, welcher Tonumfang langfristig für ihn der richtige sein wird, kann eine *flexible Marimba* eines Herstellers nehmen, bei der Erweiterungen jederzeit (ohne Werkzeug) möglich sind, sowohl in die tiefe Lage bis zum großen C als auch in die hohe Lage bis d^5. Die Größe kann je nach Konzert variabel erfolgen, eine tolle Erfindung!

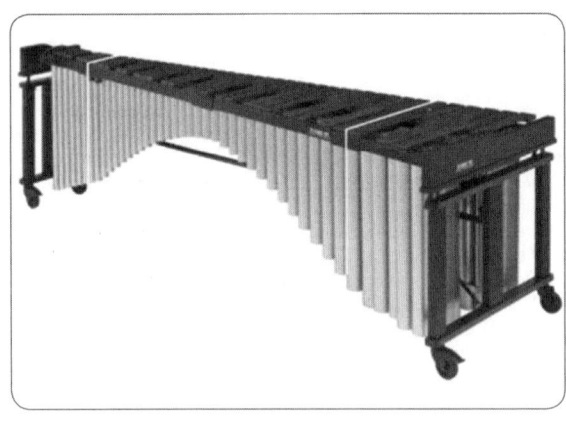

Die Marimba mit flexiblem Tonumfang

Der Tonumfang eines Marimba-Einsteigermodells

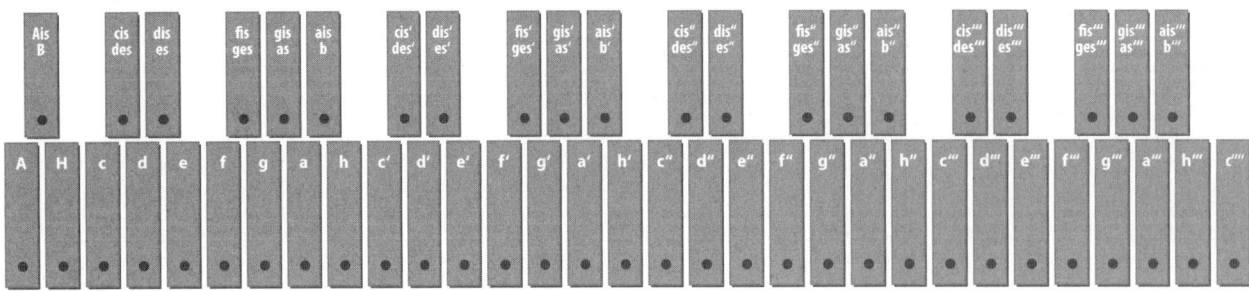

Die Marimba – Kurze Einführung

Neu oder gebraucht?

Der *Anschaffungspreis* ist außerdem abhängig vom Holz der Tasten, welches sehr entscheidend für die Klangqualität einer Marimba ist. Am teuersten sind Marimbas mit Tasten aus *Hondura Rosewood*, auch *Palisander* genannt. Viele Modelle gibt es dazu mit günstigeren Holztasten aus *Paduk, African Rosewood* oder *African Mututi*. Ich selbst habe damals so lange gespart, bis ich mir eine Marimba meines Lieblingsherstellers mit den teuren Hondura Rosewood-Tasten leisten konnte. Sie haben den wirklich besten Klang und ich wollte von Anfang an keine Abstriche in der Klangqualität machen.

Eine sehr gute Alternative ist eine *gebrauchte Marimba*, wenn die Tasten keine Kratzer oder Dellen aufweisen und die Stimmung in Ordnung ist. Hier kann man eine ältere Marimba mit Hondura Rosewood-Tasten oft günstiger erwerben als ein neues Instrument mit einfacheren Holztasten, das lohnt sich wirklich.

Unwichtig ist für den Klang, wie die *Klangröhren* aussehen. Alle sind aus gutem *Aluminium*, perfekt in den Längen auf den jeweiligen Ton angepasst, da sind alle Hersteller gleichwertig. Natürlich beeinflussen diese Klangröhren die Optik einer Marimba – aber das ist wirklich nur noch Geschmacksache!

2. Auswahl der Schlägel

Einen weiteren enormen Einfluss auf den Marimbaklang haben die *Schlägel*. Jeder Schlägel besteht aus einem *Stiel* und einem *Kopf*, mit erheblichen Unterschieden sowohl vom Stiel als auch vom Kopf her.

Der Stiel

Der Stiel kann entweder aus *Rattan, Holz* wie *Birke, Ahorn, Zeder, Birne* oder auch *Gummi* sein. Das Material des Schlägelstiels beeinflusst auch den Preis. So sind diejenigen Schlägel aus Rattan bei gleichem Schlägelkopf am teuersten, weil es sich um ein spezielles Naturmaterial handelt, das bei der Produktion mehr Ausschuss verursacht. Ich leiste mir diese Rattanschlägel gerne, da sie leicht biegsam sind, sich angenehm anfühlen, den Schlag auf die feste Holztaste abfedern und so die Handgelenke schonen.

Schlägel

Die Stiellänge

Ein anderer Faktor ist die *Länge* des Schlägelstiels, die je nach Hersteller ebenfalls variiert. Grundsätzlich ist das jetzt nicht so entscheidend für das Marimbaspiel, da letztendlich die Länge erst dann ein Rolle spielt, wenn man mit vier Schlägel, ergo mit zwei Schlägeln in jeder Hand spielt. Trotzdem würde ich für Kinder einen Schlägel mit kürzerem Stiel empfehlen, weil die längeren unhandlicher und im Verhältnis zur Armlänge eines achtjährigen Schülers schwerer zu handhaben sind.

Der Schlägelkopf

Ausschlaggebend für die *Klangfarbe* ist jedoch einzig und alleine der *Schlägelkopf*. Es gibt Marimbaschlägel in *neun Härtegraden* von extra hart, sehr hart, hart, über mittelhart, mittel, mittelweich, bis zu weich, sehr weich und extra weich.

Unterschiedliche Schlägelköpfe

Der Härtegrad

Der Härtegrad wird zum einen bestimmt durch das Material des Schlägelkerns. Dieser kann aus einem harten bis weichen *Gummi*, aber auch aus Kunststoff oder sogar Holz sein. Seine Form kann rund, trapezförmig oder eine abgeflachte Kugel sein.

Die Wicklung

Zum zweiten beeinflusst die *Wicklung* mit dünneren bis dickeren Fäden aus Garn, Wolle, Polyester oder einer Mischung aus Wolle und Garn die Klangeigenschaft eines Schlägels enorm.

Die Dichte und Festigkeit der Wicklung

Und zum dritten spielt beim Klang die *Dichte* und *Festigkeit* der Wicklung des jeweiligen Fadens eine Rolle, die ebenfalls von Hersteller zu Hersteller verschieden ist.

All das beeinflusst das Gewicht eines Schlägels. Auch hier sollten jüngere Schüler leichtere Schlägel nehmen, weil sie einfach weniger Kraft erfordern.

Eigentlich hört jeder sofort, wenn er mit verschieden harten Schlägeln spielt, dass da Welten in der Klangeigenschaft zwischen den unterschiedlichen Schlägeln bestehen. So bewirkt ein harter Kopf einen lauteren und obertonreichen Marimbaklang, während ein Schlägel mit weichem Kopf eher leiser und grundtonreicher klingt.

Aus eigener Erfahrung weiß ich zu gut, je länger man Marimba spielt, desto anspruchsvoller wird man hinsichtlich der Schlägelauswahl. Das Ohr wird feinnerviger hinsichtlich des idealen Klanges, und man entdeckt, dass hier minimale Unterschiede in Kopfgröße, Wickeldichte und Gewicht eine wirklich entscheidende Rolle spielen, wie ein Musikstück an der Marimba letztendlich am schönsten klingen wird. Aber das ist – wie bereits gesagt – eine Wissenschaft für sich und individuell verschieden.

Wenn es um das Spielen in Konzerten geht, wo der Raumklang dazu kommt, wird es noch komplexer. Oft nehme ich mir dann mehrere „alternative Schlägel" mit und teste sie vorher. Aber genau das liebe ich am Marimbaspiel besonders, dass es so viel Fingerspitzengefühl braucht und man nie aufhört, Neues zu entdecken!

Das alles bringt allerdings mit sich, dass man für die Schlägel nochmals viel Geld ausgeben kann, was sich jedoch lohnt, wenn man die Klangvielfalt der Marimba erleben möchte. Gut ist, dass auch hier gilt: *Die teuersten Schlägel müssen nicht die besten sein für das eigene Marimbaspiel.*

Langer Rede, kurzer Sinn: Meine Empfehlung ist, sich am Anfang von einem preisgünstigeren Hersteller einen *mittelharten Schlägelsatz* mit vier Schlägeln zu besorgen und mit diesen abwechselnd zu spielen. Denn gerade, wenn man diejenigen mit Rattanstielen kauft, kann der Stiel bei einem Schlägelpaar der gleichen Sorte in der Dicke variieren, wenn man später ein zweites Paar nachkauft, um dann mit vier Schlägeln zu spielen. Außerdem spielt sich die Wicklung durch den Schlag auf die Holztasten ab, da im Laufe der Zeit immer wieder einzelne Fäden reißen. Also macht es Sinn, gleich einen ganzen Satz mit vier Schlägeln der gleichen Sorte zu haben.

Da eine Schlägelart nie ausreicht, um die Marimba musikalisch zu spielen, sollte man sich vom gleichen Hersteller zunächst einen weichen und harten Schlägelsatz besorgen. Ich empfehle wirklich, im Laufe der Zeit sich nacheinander von sehr hart bis sehr weich alle Schlägeltypen anzuschaffen. Insgesamt kommen so von einem Hersteller zahlreiche Schlägelsätze zusammen.

Und wenn man dann immer noch nicht genug Auswahl hat, kann man sich eine Schlägelgarnitur eines anderen Herstellers besorgen – mit weiteren Klangqualitäten. So gehen einem nie die Ideen für Geburtstags- bzw. Weihnachtsgeschenke aus. Schlägel sind ein Fass ohne Boden und je länger man Marimba spielt, desto besser hört man die Unterschiede.

Schlägel verschiedener Hersteller

Schlägel selbst wickeln

Irgendwann, Jahre später, wenn die Wicklung stark abgespielt ist und viele Fäden gerissen sind, kann man überlegen, die Schlägel selbst neu zu wickeln. Denn Stiel und Kopf sind ja noch intakt. Dazu besorgt man sich Garnknäuel, die sonst zum Stricken genommen werden. Dabei ist sehr wichtig, dass der Faden sehr reißfest ist, damit sich der Schlägel nicht so schnell abspielt. Ich weiß aus eigener Erfahrung, dass Wolle ungeeignet ist, dagegen Garne mit Anteilen von Baumwolle, Viskose oder sogar Synthetik am besten sind. Für weichere Schlägel eignen sich dickere Fäden, für harte Schlägel mehr ein dünner Faden. Natürlich spielt die Länge des zu wickelnden Fadens eine weitere Rolle. Ich habe mir angewöhnt, drei

Garnknäuel, halbrunde Nadel, Schlägelkern und gewickelter Schlägelkopf

Fäden unterschiedlichster Farbe zu nehmen, weil dann das Wickeln schneller geht. Außerdem kann ich durch die Auswahl unterschiedlicher Fäden auch die Dichte der Wicklung variieren. Von den drei Fäden nehme ich fünf Armlängen über die ganze Breite von der rechten zur linken Hand. Insgesamt ist jeder Faden dann etwa 9 Meter lang, bei drei Fäden also 27 Meter insgesamt. Das ist aber nur ein ungefährer Anhaltspunkt, denn je nachdem, ob ich sehr weiche Schlägel oder härtere haben will, nehme ich mehr Faden oder umgekehrt.

Zum Vernähen der Fäden eignet sich übrigens eine zu einem Halbkreis gebogene Nadel, die sonst zum Nähen von Leder genommen wird. Übrigens, für das Wickeln von einem Schlägel benötige ich ungefähr eine Stunde, also für einen Satz etwa vier Stunden Zeit, die sich aber lohnen. Inzwischen hat bei mir durch das erneute Wickeln von den abgespielten Schlägeln jeder Schlägelsatz seine eigene Farbmischung aus drei unterschiedlichen Fäden, so dass ich sie sehr schnell unterscheiden und finden kann.

3. Haltung bewahren beim Spielen

Die Höhe der Marimba sollte so eingestellt werden, dass man den Schlägel leicht schräg von oben locker nach unten halten kann. Die modernen Marimbas sind alle *höhenverstellbar*. Bei einem älteren Modell kann man unter die Rollen kleine Holzkeile schieben, um die Höhe zu verstellen. Umgekehrt kann ein kleinerer Spieler sich auf einen Hocker stellen, um die Tasten gut zu erreichen.

Einsatz des ganzen Körpers

Das ganze Marimbaspiel empfinde ich als sportlich. Von Anfang an muss man darauf achten, hinter der Marimba stabil zu stehen, mit mehr oder weniger auseinander gespreizten Beinen, so dass bei größeren Tonsprüngen durch Hin- und Herwippen des ganzen Körpers die weiter entfernten Tasten gezielt angepeilt werden können. Später kommen genau überlegte Seitenschritte nach links oder rechts dazu, wenn der Tonumfang über eine Oktave geht, um schnell näher an die jeweils anzuschlagende Taste zu kommen.

Kinder auf Hocker

Marimba zu spielen erfordert, den ganzen Körper ständig unter Kontrolle zu haben. Enorm wichtig ist, sich so aufzustellen, dass man genau mittig zwischen dem tiefsten und höchsten Ton steht, der im zu spielenden Stück vorkommt. Es hilft, sich diesen Ton im jeweiligen Musikstück zu notieren, um immer jeweils die gleiche Position einzunehmen.

Die Schlägelhaltung

Die Schlägel werden rechts und links jeweils zwischen dem *Daumen* und dem *ersten Gelenk des Zeigefingers* gehalten, auch *Drehpunkt* genannt, während die anderen drei Finger locker den Schlägelstiel umfassen. Das Ende des Schlägelstiels kann dabei an der Handwurzel abschließen oder auch etwas länger darüber hinaus schauen, also mehr mittig vom Stiel gehalten werden, abhängig davon, wie lang der Stiel und wie schwer der Schlägelkopf ist. Wichtig ist, dass der Schlägel immer mit dem Zeigefinger und Daumen fixiert wird, während die restlichen drei Finger den Schlägel locker umfassen und führen.

Anschlagbewegung

Die Ausholbewegung mit dem Schlägel erfolgt von der entspannten Schulter aus über den ganzen Arm bis zum lockeren Handgelenk so, dass der Schlägel mit lockeren sich öffnenden drei Fingern kurz hoch schwingt, dann genau auf die Mitte der Taste trifft, sofort davon abprallt, wobei der Schlägelstiel von den drei Fingern beim Zurückholen entspannt geführt wird. Wichtig ist, trotz des gezielten Treffens die Muskeln immer locker zu lassen, denn nur dann, wenn der Anschlag aus einem lockeren Arm erfolgt, klingt der Ton der Marimba schön rund.

Korrekte Anschlagstelle

Sehr entscheidend für den Klang ist, dass die Marimbataste *genau auf dem Mittelpunkt* angeschlagen wird. Dort ist sie am dünnsten, schwebt exakt über dem jeweiligen Klangrohr und klingt entsprechend voll, da hier die größte Dichte von Obertönen zusammen kommt. Das heißt im Klartext für das Marimbaspiel, dass bei jedem Tonwechsel exakt diese Stelle auf jeder Taste angespielt und getroffen werden muss. Das braucht gerade am Anfang sehr viel Disziplin und Geduld, diesen korrekten Anschlagpunkt genau zu treffen!

Es hilft gerade am Anfang, wenn man sich z.B. mit einer Kreide einen Strich über die Anschlagmitte der Tasten zieht, auf denen gespielt wird. Genauso gut

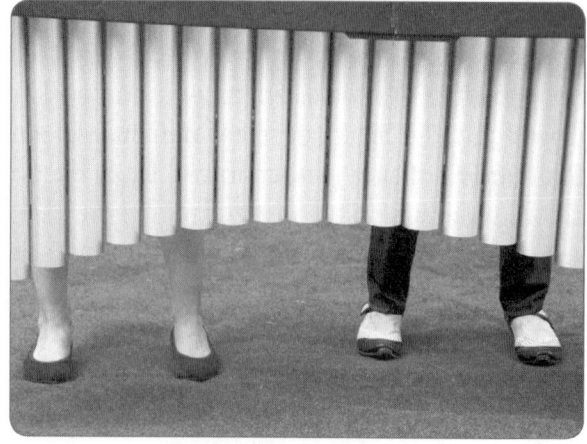

Breit aufgestellte Füße

Schlägelhaltung im Spiegel

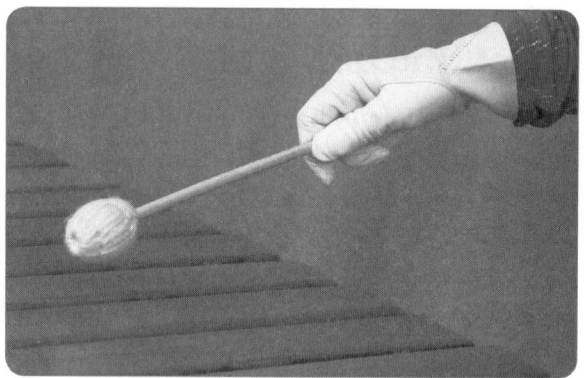

Mittelfinger bis kleiner Finger sind leicht gekrümmt.

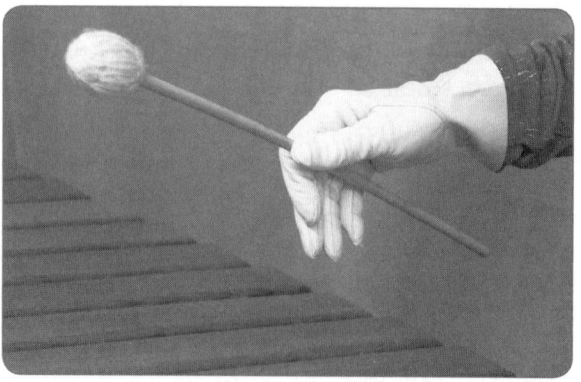

Mittelfinger bis kleiner Finger sind leicht gestreckt.

kann man sich ein helles Geschenkband oberhalb des Mittelpunktes der Tasten hinlegen, um unterhalb davon anzuschlagen. Noch besser ist, sich dabei zu filmen, um dann zu sehen, ob man immer die Mitte der jeweiligen Tasten korrekt trifft. Hier gilt: Wehret den Anfängen! Vom ersten Schlag an sollte man darauf achten, jedes Mal den perfekten Anschlagpunkt zu treffen, egal ob man von Ton zu Ton spielt oder einen großen Sprung ausführt.

Ideale Anschlagbewegung

Das Marimbaspiel ist insgesamt eine intensive, bewegende Angelegenheit. Zum Spielen einer Melodie mit vielerlei Tönen müssen die Arme ständig hin und her schwingen. Andererseits ist es eine natürliche Bewegung, die vergleichbar ist mit der, wenn man einen Nagel mit einem Hammer in die Wand schlägt. Dazu muss der ganze Arm von der Schulter bis zum Handgelenk sehr locker sein, um einfach mit leichtem Schwung ausholen zu können, so dass im Bruchteil einer Sekunde der Schlägel auf die Tastenmitte trifft und gleich wieder abprallt. Diese entspannte Lockerheit ist die Basis für

Ideale Zweischlägeltechnik

einen schönen Marimbaton, egal ob ich ein Kinderlied spiele oder ein kompliziertes Konzertstück. Diese lockere Anschlagtechnik ist auch entscheidend, um im Laufe der Zeit größere Abstände zwischen den Melodietönen zu bewältigen. Gerade das finde ich immer noch sehr faszinierend am Marimbaspiel; denn es bleibt immer spannend, wenn man den richtigen Ton treffen muss, der z.B. fünf Tasten höher oder tiefer ist. Noch spannender wird es, wenn ein Wechsel von der vorderen zur hinteren Tastenreihe dazu kommt. Da kann auch schon mal eine Distanz zwischen 20 bis 40 cm entstehen, die im Bruchteil einer Sekunde zu bewältigen ist. Ja, da braucht es viel Treffsicherheit.

Variable Anschlagstellen

Zuhörer sind oft erstaunt, wenn Marimbaspieler die Marimbatasten in der oberen Reihe nicht in der Mitte, sondern am inneren Rand anschlagen. Dies hat den Vorteil der „kurzen Wege", die man von einer Taste in der unteren Reihe zu der in der oberen Reihe zurücklegen muss. Da es kleine Klangeinbußen zur Folge hat, ist abzuwägen, ob und wann das wirklich gemacht werden muss. Am meisten wird das beim akkordischen Spiel mit vier Schlägeln eingesetzt, um Akkorde mit den chromatischen oberen Tönen in den Griff zu bekommen, weniger beim Melodiespiel mit zwei Schlägeln, dabei muss man sich an die größeren Abstände zur Tastenmitte gewöhnen.

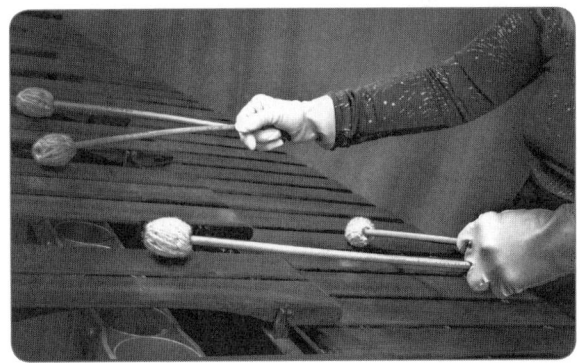

Vierschlägeltechnik über beide Tastenreihen

Fortgeschrittene Marimbaspieler verändern im Laufe der Zeit auch den Anschlagpunkt auf der Taste, um eine neue Klangatmosphäre zu schaffen. Wenn sie dann etwas neben der Mitte der Taste anschlagen, dominiert der pure Grundton und es schwingen weniger Obertöne mit. Oder sie drehen die Schlägel so, dass sie nur mit der Kopfspitze auftreffen, wodurch der Nachhall kürzer wird. Aber das ist wieder eine weitere Wissenschaft für sich.

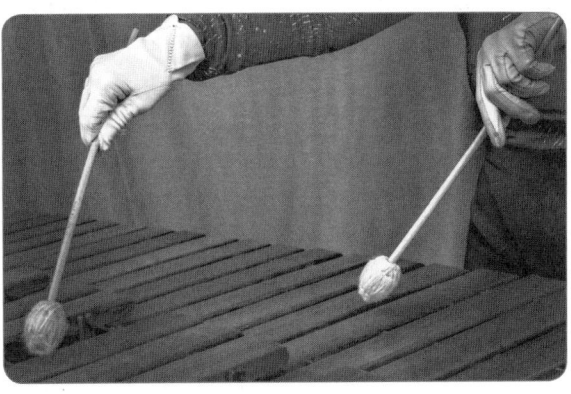

Schlägel auf Schlägelspitze gespielt

Choreographie der Arme: *Der Schlägeltanz*

Wenn ein Schüler fast darüber verzweifelt, dass in einem neuen Stück wieder so richtig schwierige Tonfolgen vorkommen, dann sage ich immer, dass jedes Marimbastück eine eigene Choreographie der Armbewegungen braucht, die er wirklich geduldig und diszipliniert trainieren muss, so wie eine Tänzerin ihre unterschiedlichen Schritte. Doch wenn man dann am Schluss spielt, als wäre es ganz einfach und über die Tasten tanzt und die Marimba so richtig schön klingt, dann erlebt man das Glück, etwas aus eigener Anstrengung geschafft und zum Fließen gebracht zu haben. Marimbaspiel ist ein wahrer Tanz der Schlägel, eine immer wieder prickelnde, wunderbare Herausforderung.

Es ist einiges los beim Marimbaspiel. Und genau dieses ständige Bewegen an der Marimba macht mir immer wieder riesengroßen Spaß. Ein Spaß, an dem ich dich mit **Garantiert Marimba lernen** teilhaben lassen möchte.

Diese Schule ist auch für Xylophon und Vibraphon geeignet!

Garantiert Marimba lernen ist grundsätzlich auch für Xylophon und Vibraphon geeignet. Der Tonumfang aller 300 Stücke in **Garantiert Marimba lernen** reicht – bis auf einige wenige Ausnahmen – im wesentlichen über drei Oktaven **vom kleinen f** bis hoch zum **dreigestrichenen f** und entspricht damit genau dem Tonumfang von Xylophon und Vibraphon. Die wenigen Ausnahmen (einige Konzertstücke in *Kapitel 9*) sind aber dennoch auf dem Xylophon und Vibraphon spielbar. Sie werden einfach eine Oktave höher oder tiefer gespielt.

Das Xylophon

Ganz einfach ist das Musizieren der Lieder auf dem **Xylophon**. Auch hier haben wir Holztasten und so kann man eins zu eins die Lieder wie notiert mit allen Feinheiten spielen. Der Unterschied besteht nur in der Tonhöhe, denn das Xylophon klingt immer **eine Oktave höher** und die Tasten sind um einiges schmaler.

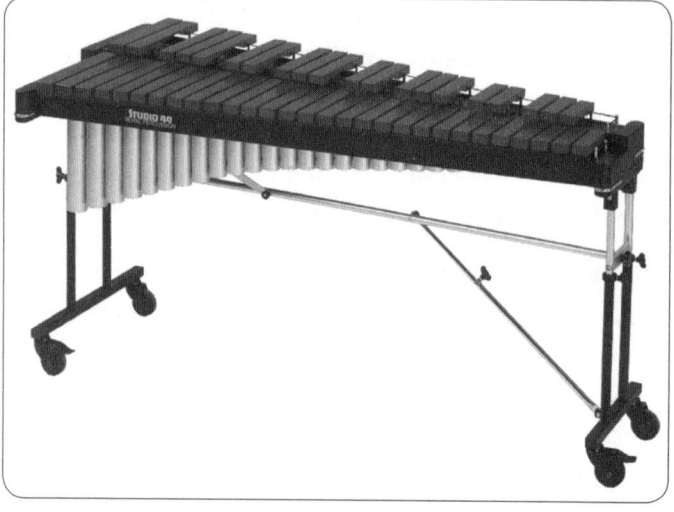

Das Xylophon

Das Vibraphon

Beim **Vibraphon** ist es ein wenig anders. Wohl ist die Tonhöhe eins zu eins identisch mit der auf der Marimba. Der große Unterschied ist, dass die Tasten am Vibraphon aus **Metall** sind und es ein **Dämpfpedal** hat. Wenn das Pedal nicht gedrückt wird, klingt der Ton richtig kurz und leicht knallig. Wird das Pedal mit einem Fuß gedrückt, hallt der Ton lange nach, da die Dämpfung von der Taste abgehoben wird. Beim Loslassen des Pedals wird der Ton sofort wieder abgedämpft. Am besten ist, man wendet diese Pedaltechnik hauptsächlich bei langen, tremolierten Tönen an, die das Tremolo ersetzt. Alles andere ist identisch mit der Marimba.

Das Vibraphon

Die Marimba – Kurze Einführung

Der Tonumfang von Xylophon und Vibraphon

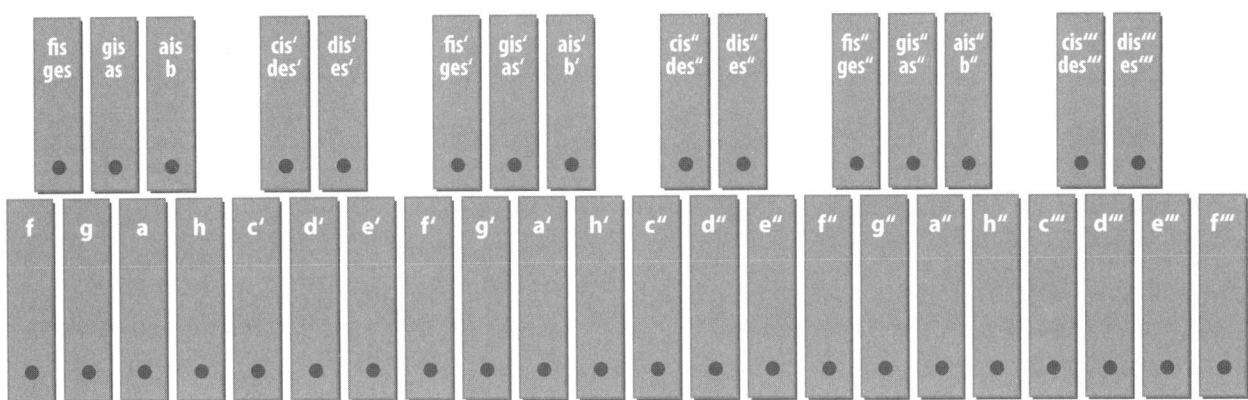

Die Marimba-Tasten

Die Marimba-Tastatur besteht aus zwei hintereinander angebrachten Tastenreihen. In der dem Spieler zugewandten, *vorderen Reihe* liegen die Tasten in *gleichen* Abständen nebeneinander. In der *hinteren Tastenreihe* wechseln sich Gruppen von *zwei* und *drei Tasten* in sich wiederholender Reihenfolge ab.

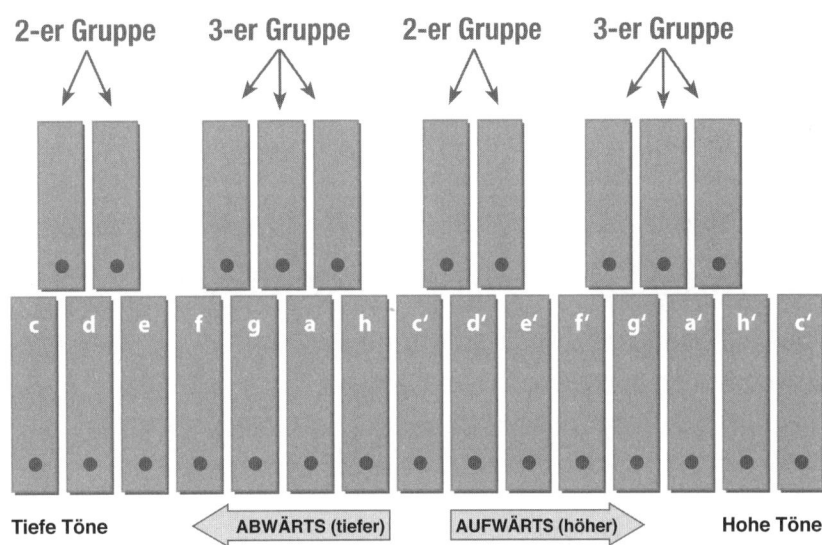

Das Notensystem

Musik wird in einem SYSTEM aus *fünf Linien* und *vier Zwischenräumen* aufgeschrieben:

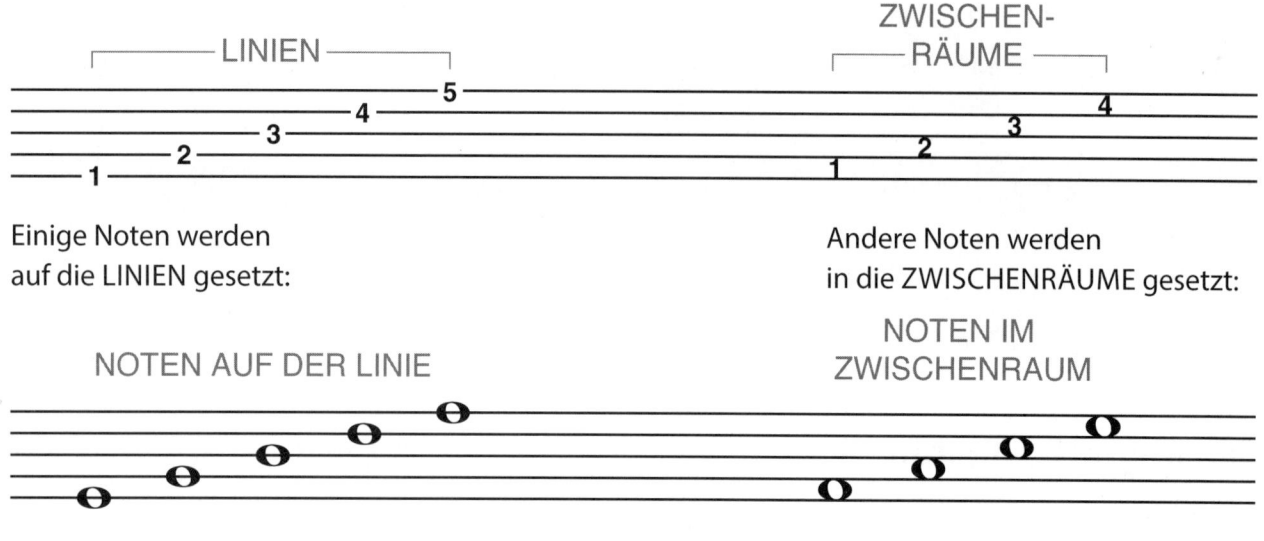

Einige Noten werden auf die LINIEN gesetzt:

NOTEN AUF DER LINIE

Andere Noten werden in die ZWISCHENRÄUME gesetzt:

NOTEN IM ZWISCHENRAUM

Der Notenschlüssel (Violinschlüssel)

Der Violinschlüssel bestimmt die Lage der Töne.
Er ist aus dem Buchstaben **G** entstanden.

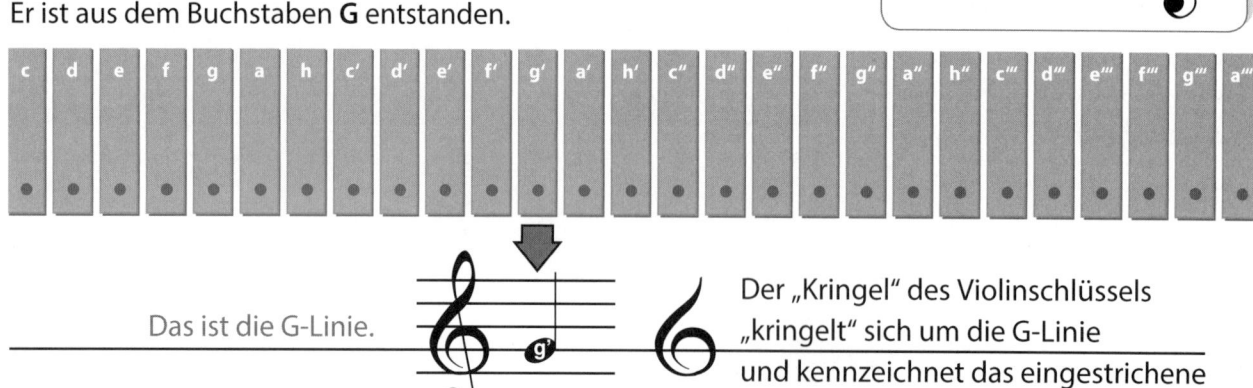

Das ist die G-Linie.

Der „Kringel" des Violinschlüssels „kringelt" sich um die G-Linie und kennzeichnet das eingestrichene g' über dem mittleren C (c').

Keine Angst vor Hilfslinien

Tiefe und hohe Töne, die über die fünf Linien des Notensystems hinausgehen, werden mit *Hilfslinien* dargestellt:

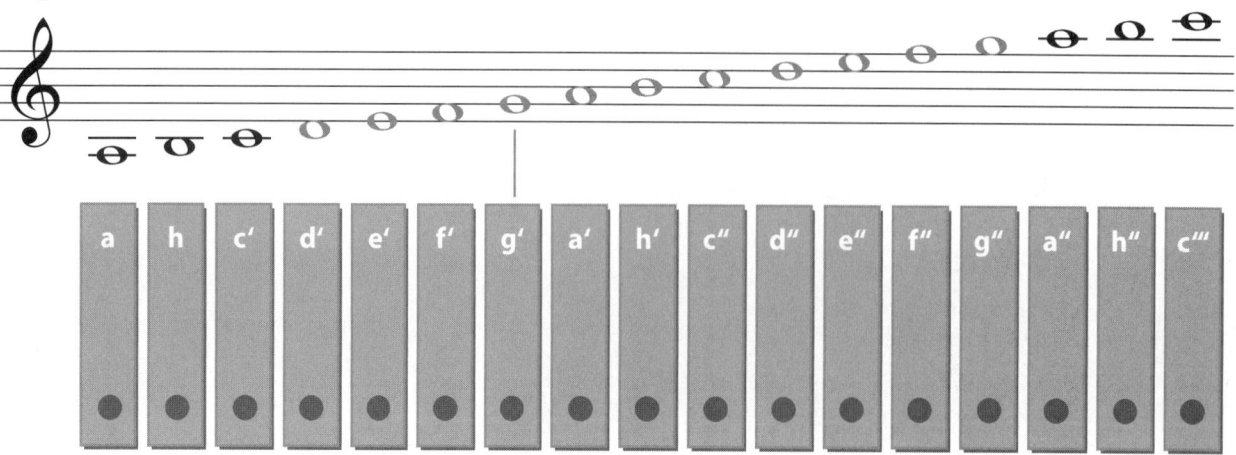

Kapitel 1: Viertel, Halbe, Ganze Noten | Tonart: C-Dur

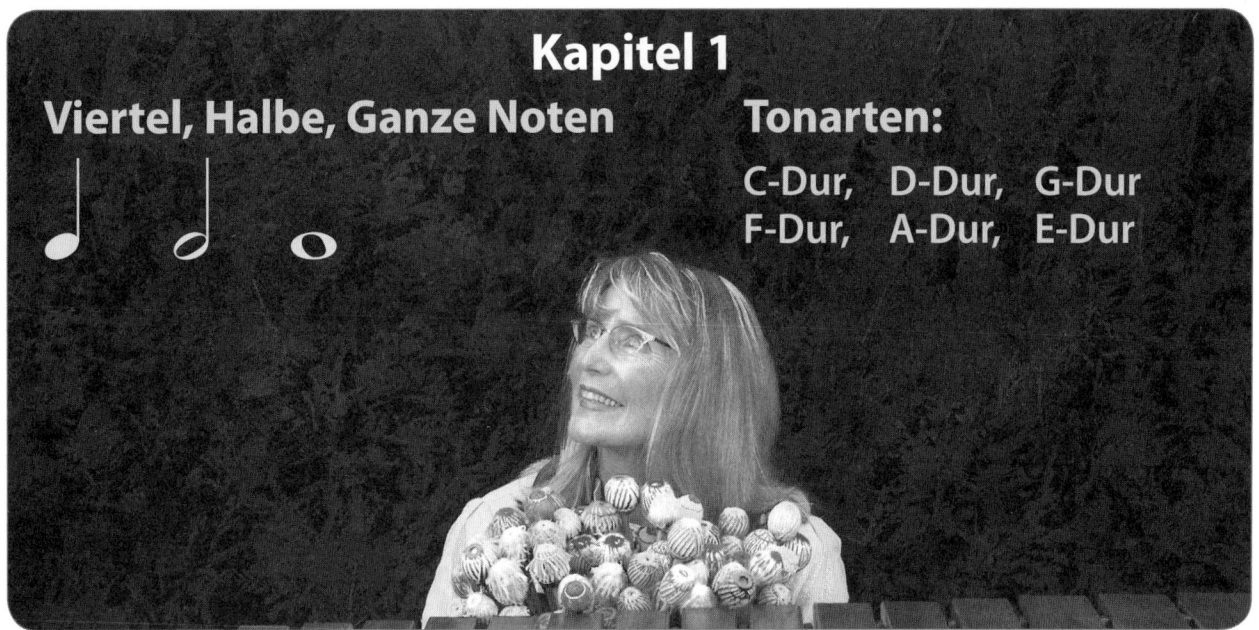

Die Notendauer

Die Dauer der Noten, also wie lange sie klingen sollen, wird mit sogenannten *Notenwerten* dargestellt. Sie bestimmen die *Dauer* eines Tons. Den Notenwert erkennt man z. B. an der Art des *Notenkopfes* (*schwarz* oder *weiß*) und am *Notenhals*.

Die Notenwerte sind ohne genaue Tempoangabe niemals absolut, sondern relativ. Das heißt, sie stehen immer im zeitlichen Verhältnis zueinander. Dieses Verhältnis wird in der Regel mit Schlägen oder Zählzeiten angegeben:

Ganze Note: vier Schläge lang: 1 – 2 – 3 – 4
Halbe Note: zwei Schläge lang: 1 – 2 – 1 – 2
Viertelnote: ein Schlag lang: 1 – 1 – 1 – 1

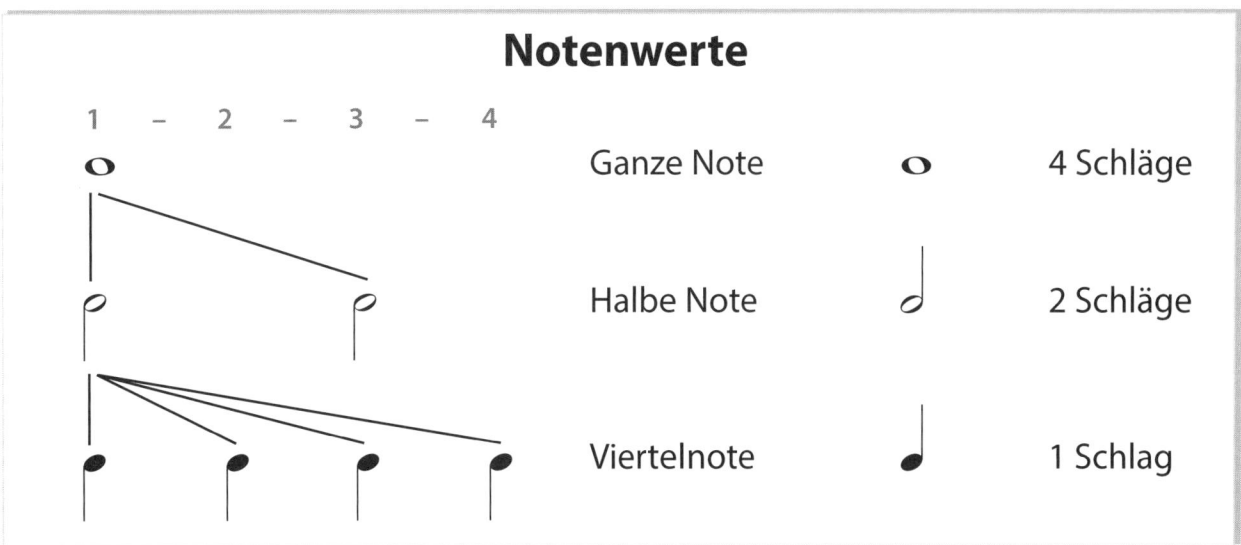

> **TIPP:**
> *Vom ersten Song an (ab S. 17) gebe ich dir Hinweise zum Übetempo: vom langsamen **Einstiegstempo** – stelle die angegebene Anzahl an Schlägen an deinem Metronom ein – über ein **mittleres Tempo** bis zum **Originaltempo** des jeweiligen Lieds. Am besten beginnst du im Einstiegstempo und arbeitest dich mit Hilfe des Metronoms **stufenweise** (jeweils 2–8 Einheiten schneller) „hoch" bis zum mittleren, schon recht flotten Tempo. Falls du damit für den Anfang zufrieden bist, wunderbar. Schließe das Lied jetzt ab, starte das nächste Lied und nimm es dir vielleicht später nochmals vor, um dann stufenweise bis zum Originaltempo zu gelangen.*

Die ersten Marimba-Songs

Viertelnoten und Viertelpausen

Die ersten Lieder enthalten ausschließlich *Viertelnoten* und *Viertelpausen*. Die Viertelnote nenne ich in meiner *Rhythmussprache* „Ta" und die dazu gehörende Pause „m". Diese Rhythmussprache ist sehr hilfreich, um sich Rhythmen klar zu machen. Zur Hilfe kannst du dir diese Silben unter die Noten schreiben.

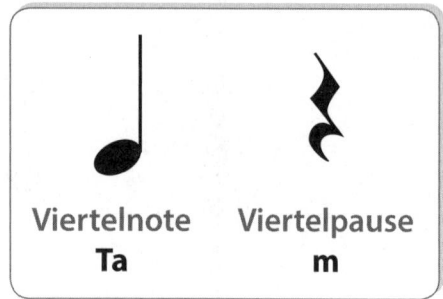

TIPP:
*Die Dauer einer Note hängt vom jeweiligen **Tempo** des Musikstücks ab. Verwende dafür ein **Metronom**, an dem du das Tempo entsprechend der vorgegebenen Tempoangabe einstellen kannst. Spielst du das Stück zum ersten Mal, wählst du das **Einstiegstempo**. Danach erhöhst du das Tempo in kleinen Schritten bis zum **Originaltempo**.*

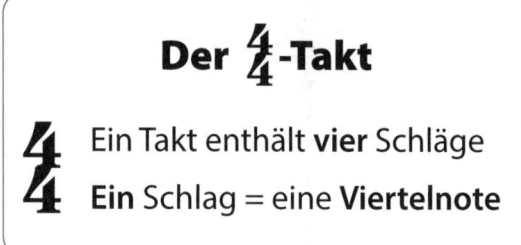

Rhythmusübung

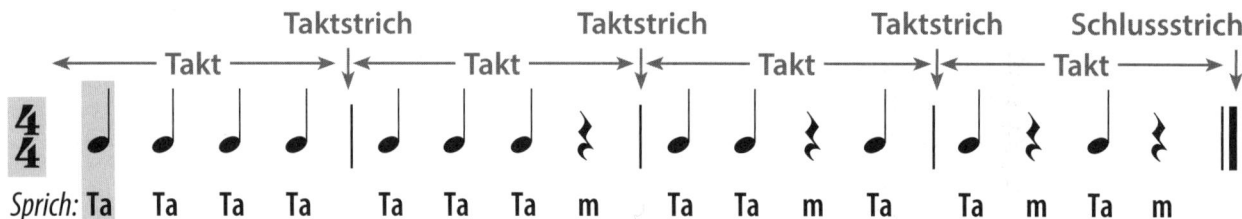

Die ersten drei Töne: c' – d' – e'

Wir starten mit *drei Tönen*. Der tiefste ist der Ton **c'** auf der 1. *Hilfslinie* unter den fünf Notenlinien, darüber steht der Ton **d'** *unter* der 1. Notenlinie und darüber dann das **e'** *auf* der 1. Notenlinie.

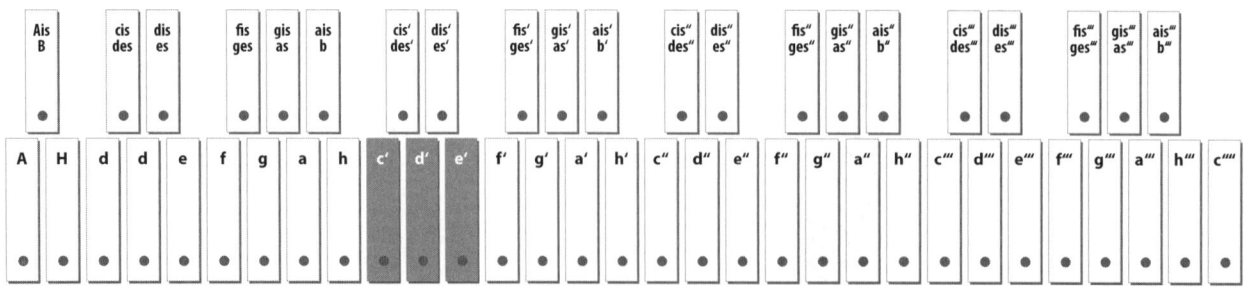

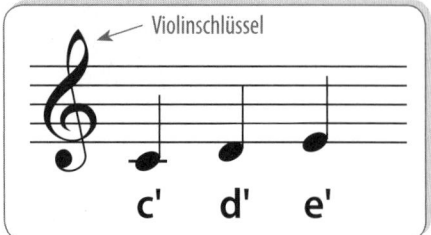

TIPP:
*Ein Tipp zum Anfang, bevor du mit den ersten Liedern beginnst: Es ist **nicht nötig**, jeden Song zu spielen. Du kannst auch Lieder überspringen, sollten sie dir nicht gefallen. Wichtig ist: **Habe Spaß an der Marimba!***

Kapitel 1: Viertel, Halbe, Ganze Noten | Tonart: C-Dur

Der Handsatz

Von Anfang an spielst du mit zwei Schlägeln. Welche Hand wann spielt, zeigt dir der sogenannte *Handsatz*. **R** steht für die *rechte Hand* und **L** für die *linke Hand*.

R	L
Rechte Hand	Linke Hand

REGEL: Spiele grundsätzlich mit R und L abwechselnd!

Zicke Zacke (Erstes Marimba-Solo)

Musik: Elisabeth Amandi (2020)
© Copyright 2020 by Alfred Music

CD 04

Einstiegstempo: ♩ = 50   Mittleres Tempo: ♩ = 76   Originaltempo: ♩ = 100

Das Huhn

Volkslied aus Deutschland

CD 05

Einstiegstempo: ♩ = 50   Mittleres Tempo: ♩ = 76   Originaltempo: ♩ = 104

Kapitel 1: Viertel, Halbe, Ganze Noten | Tonart: C-Dur

Zwei neue Töne: f' – g'

Im nächsten Lied kommen *zwei weitere Töne* dazu, das **f'** im ersten Zwischenraum von unten und das **g'** auf der zweiten Zeile von unten. Sie kommen erstmals im ersten und zweiten Takt vor.

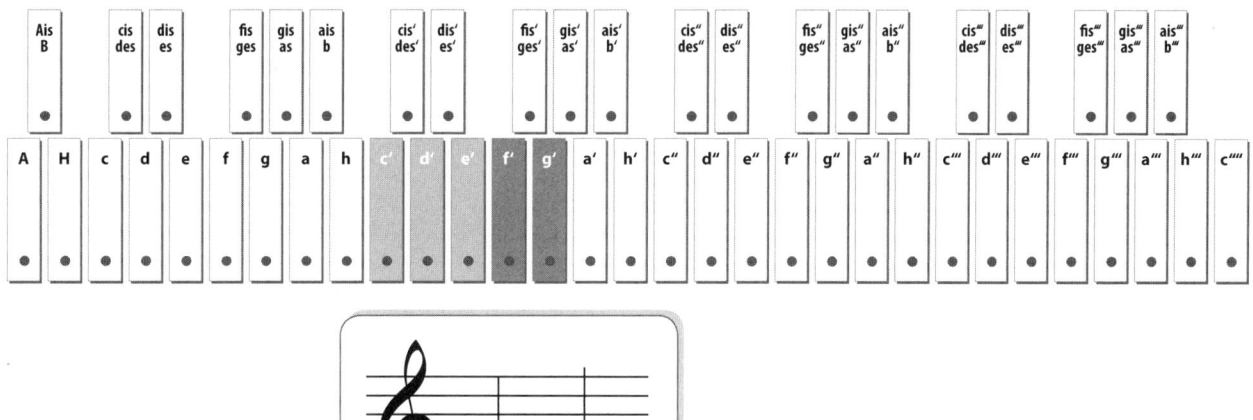

 **Ist ein Mann in Brunn gefallen** — Volkslied aus Deutschland

Einstiegstempo: ♩ = 50   Mittleres Tempo: ♩ = 80   Originaltempo: ♩ = 112

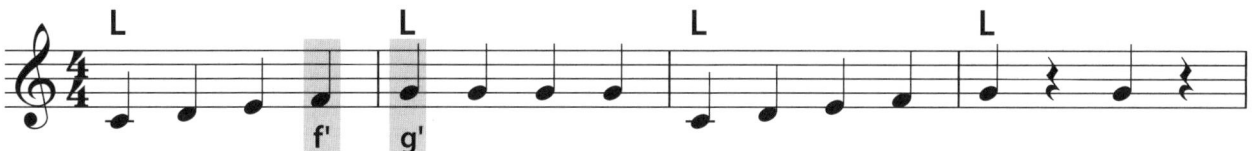

Fing mir eine Mücke heut

CD 07 — Traditional aus Ungarn

Einstiegstempo: ♩ = 50   Mittleres Tempo: ♩ = 80   Originaltempo: ♩ = 112

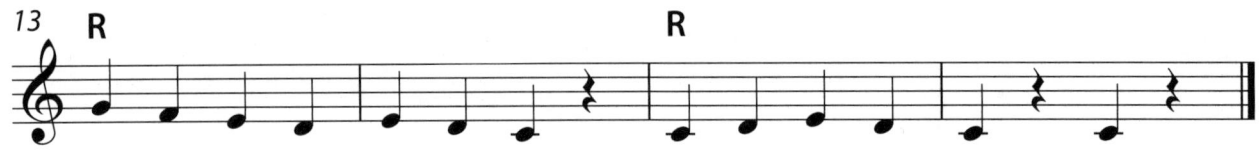

Auf der Wippe

CD 08 — Kinderlied aus Deutschland

Einstiegstempo: ♩ = 50   Mittleres Tempo: ♩ = 84   Originaltempo: ♩ = 116

Kapitel 1: Viertel, Halbe, Ganze Noten | Tonart: C-Dur

Halbe und Ganze Noten und deren Pausen

In den nächsten Liedern stößt du auf zwei neue, völlig anders aussehende Notenwerte: Zuerst ein *hohler Notenkopf mit einem Notenhals*. Diese Note nennt man **Halbe Note**. Sie wird *zwei* Viertelnoten ausgehalten, also doppelt so lange wie eine Viertelnote. Die **Halbe Note** heißt in meiner Rhythmussprache „**Ta͜a**". Die zweite Silbe „a" wird an die erste Silbe „**Ta**" angebunden (*s. Bogen*).

Dazu gibt es die **Halbe Pause**, ein kleiner, dicker Strich, der *auf* der dritten Notenlinie liegt und auch zwei Viertelpausen lang ist. In meiner Rhythmussprache nenne ich sie „m m".

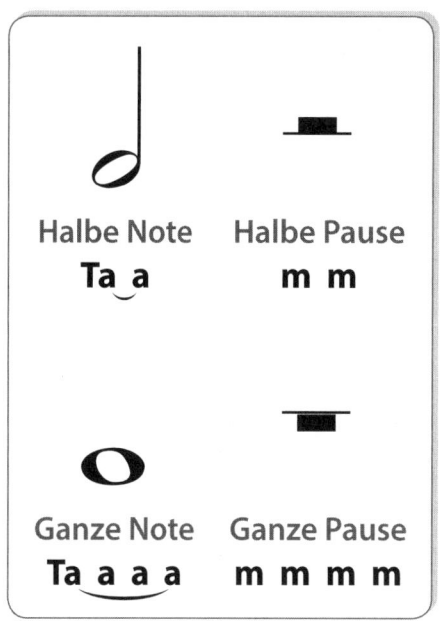

Im letzten Takt von *Schlaf, Kindlein schlaf* steht eine große, *hohle Note ohne Notenhals*, die **Ganze Note** genannt wird. Sie wird vier Viertelnoten ausgehalten, also nochmals doppelt so lange wie die Halbe Note. In meiner Rhythmussprache heißt sie „**Ta͜a͜a͜a**". Die zweite bis vierte Silbe wird ebenfalls an die erste angebunden.

Auch dazu gibt es die **Ganze Pause**, ein kleiner dicker Strich, der jetzt *unterhalb* der vierten Zeile hängt. Sie heißt in meiner Rhythmussprache „m m m m" und ist also genauso lang wie eine Ganze Note.

Doppelschläge

Im nächsten Lied ist der Lauf der Melodie so, dass zwischendurch *zwei Töne nacheinander* mit derselben Hand gespielt werden müssen, da sonst bei einem späteren Tonsprung die Hände gekreuzt werden müssten, was grundsätzlich nicht erlaubt ist (*vgl. Handsatzregeln, S. 209*). Diese Spielweise nennt man **Doppelschläge**. Achte darauf, dass der **zweite Ton des Doppelschlags** entsprechend **bewusst angeschlagen wird** – also Ohren auf und sich selbst zuhören, ob es auch wirklich gut klingt. Wenn zwei Töne nacheinander als Doppelschläge gespielt werden, so wie erstmals in der zweiten Notenzeile in *Schlaf mein Kind, schlaf ein*, habe ich das immer notiert.

> REGEL: Ansonsten gilt strikt: Immer abwechselnd R und L spielen.

Kapitel 1: Viertel, Halbe, Ganze Noten | Tonart: C-Dur

Der Auftakt

Im nächsten Lied *Ich hört ein Sichlein rauschen* steht im ersten Takt nur eine Note. Das ist ein „**Auftakt**" zum folgenden Haupttakt in voller Länge des $\frac{4}{4}$-Taktes. Zu diesem Auftakt ergänzt sich der letzte Takt dieses Liedes mit einer Halben Note und Viertelpause mit insgesamt drei Viertelschlägen. Das gilt für jedes Stück mit einem Auftakt.

Der Auftakt

Ist der erste Takt in einem Musikstück unvollständig, dann ist auch der letzte Takt nicht vollständig. Zählt man den letzten und den ersten Takt zusammen, ergeben beide einen vollständigen Takt.

REGEL: In einem Musikstück ergibt die Anzahl der Notenwerte des Auftaktes mit denen des letzten Taktes immer einen vollständigen Takt.

Ein neuer Ton: a'

Im nächsten Lied wird der Tonumfang um das **a' oberhalb des g'** erweitert. Diese Note steht im zweiten Zwischenraum von unten, zum ersten Mal im ersten Takt auf der dritten Zählzeit.

CD 14 — Lirum Larum Löffelstiel
Kinderlied aus Deutschland

Einstiegstempo: ♩ = 50   Mittleres Tempo: ♩ = 84   Originaltempo: ♩ = 120

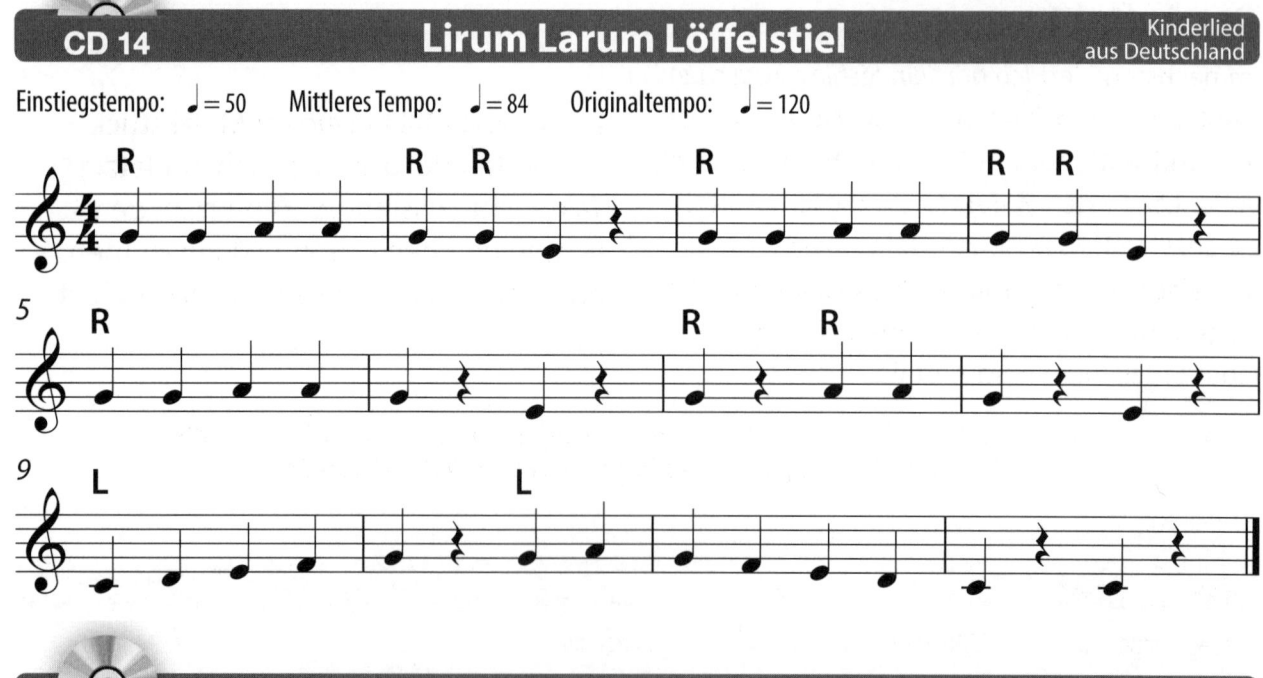

CD 15 — Alle meine Entchen
Kinderlied aus Deutschland

Einstiegstempo: ♩ = 50   Mittleres Tempo: ♩ = 92   Originaltempo: ♩ = 132

Der 3/4-Takt

Im nächsten Lied steht am Taktanfang zum ersten Mal eine „3" **über der** „4". Das bedeutet, dass in jedem Takt jetzt nur **drei Viertelnoten** vorkommen.

> **Der 3/4-Takt**
> 3/4 Ein Takt enthält **drei** Schläge
>   **Ein** Schlag = eine **Viertelnote**

CD 16 — Kuckuck, Kuckuck
Kinderlied aus Deutschland

Einstiegstempo: ♩ = 60   Mittleres Tempo: ♩ = 96   Originaltempo: ♩ = 132

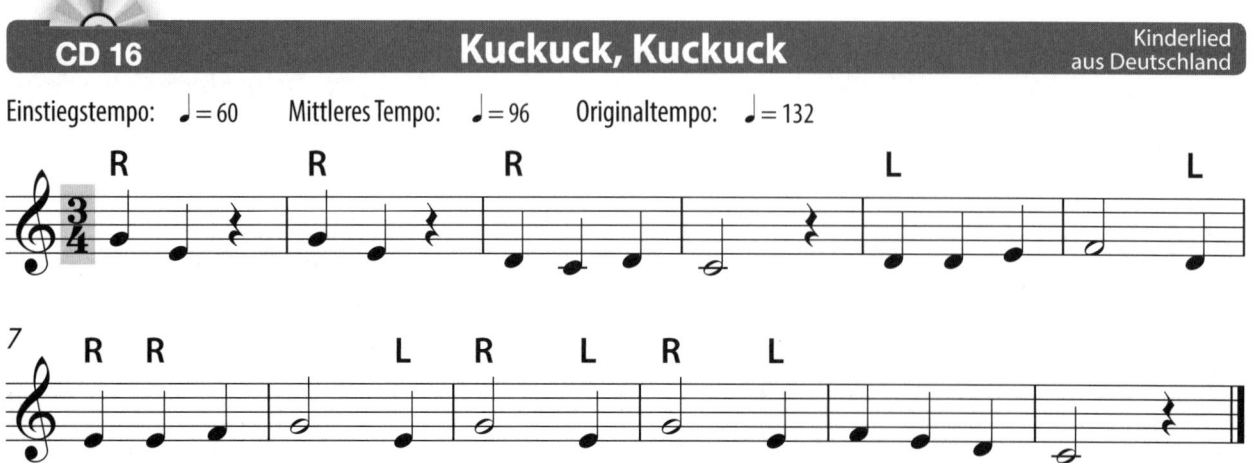

Kapitel 1: Viertel, Halbe, Ganze Noten | Tonart: C-Dur

Die Wiederholung

In *Kommt und lasst uns tanzen* stehen erstmals am Anfang der Notenzeile ein **fetter** und ein dünner Strich mit einem **Doppelpunkt**. Das gleiche Zeichen findet sich gespiegelt am Ende des Liedes. Für Musiker heißt das: *Wiederhole die Noten in den Takten, die zwischen den beiden* **Wiederholungszeichen** *stehen!*

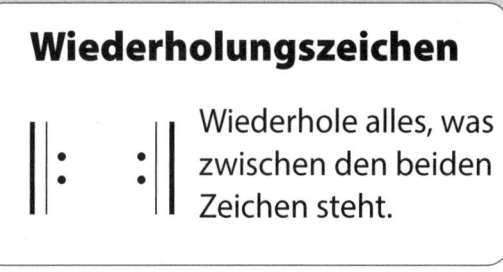

In diesem Lied bedeutet es sogar, dass du das ganze Lied zweimal spielen sollst. Am besten markierst du dir beide Wiederholungszeichen farbig, damit du sie nicht übersiehst oder vergisst.

In *Petersilie Suppenkraut* finden sich beide **Wiederholungszeichen** sowohl in der ersten Notenzeile als auch in der zweiten. Hier musst du zunächst die erste Zeile zweimal und danach die zweite Zeile ebenfalls zweimal spielen. Achte in Zukunft darauf, ob und wo diese Wiederholungszeichen notiert sind. Am Anfang ist es gut, sie farbig zu markieren, um daran zu denken.

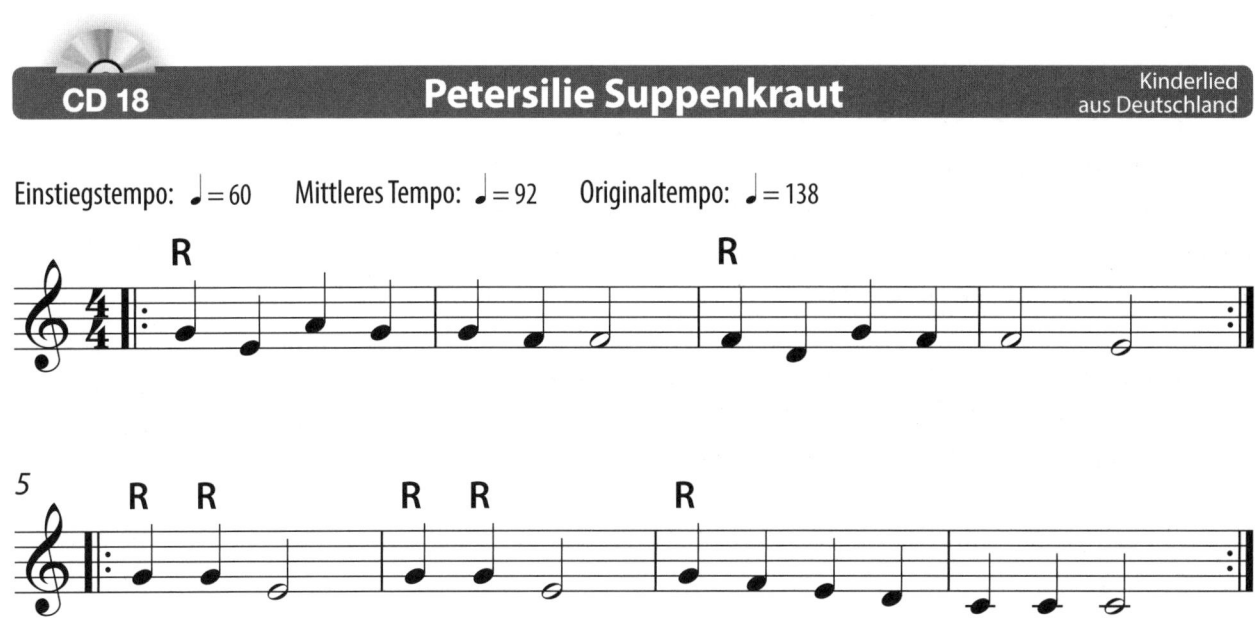

Dein erstes Tremolo

Im vierten Takt des nächsten Liedes sind erstmals **drei kleine Schrägstriche** im Notenhals der Halben Note des e' notiert, das Zeichen für das **Tremolo**. Um diese Halbe Note zu „tremolieren", spielst du gleichmäßig schnell im Wechsel RLRLRLRL ... bzw. mit links führend LRLRLRLR ..., so lange wie der Notenwert es angibt, also hier eine Halbe Note über zwei Viertelnoten.

Dadurch entsteht ein „**Wirbel**", der über die gesamte Halbe Note als ausgehaltener Ton zu hören ist. Sehr wichtig beim Tremolo ist, dass beide Schlägel **so eng wie möglich** nebeneinander fast **auf einen Punkt** treffen, um einen homogenen Klang zu erhalten. Das Tempo des Tremolos muss nicht im Rhythmus sein, denn bei tiefen Tönen, die länger nachhallen, kann man langsamer tremolieren als bei den höheren, kurz klingenden Tönen. Hier ist wieder einmal ein Metronom sehr hilfreich als Anker für das eigentliche Tempo.

Auf einem **Vibraphon** wird statt dem Tremolo das **Pedal** eingesetzt. Das heißt, das Pedal wird mit dem Fuß runter gedrückt, wodurch der Dämpfer unter den Tasten abhebt und der Ton nachklingt. Am Ende des tremolierten Tones wird das Pedal losgelassen, der Dämpfer berührt wieder die Metalltasten, wodurch der Ton abgedämpft wird wie auch die folgenden Töne.

Die punktierte Halbe Note

Im nächsten Lied *Gretel Pastetel* hältst du das Tremolo im achten Takt *drei Viertelschläge* lang aus. Notiert wird diese Note als Halbe Note mit einem Punkt daneben, die sogenannte **punktierte Halbe Note**.

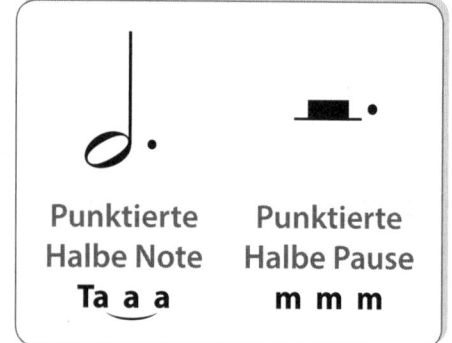

> **REGEL:** *Der Punkt neben einer Note verlängert diese um die Hälfte ihres Wertes, also:*
> 2 Schläge (Halbe Note) + 1 Schlag (Punkt) = 3 Viertelschläge

In meiner Rhythmussprache nenne ich diese Note. „**Ta‿a‿a**", alle drei Silben wieder ineinander gesprochen.

Im nächsten Lied findest du diese punktierte Halbe im letzten Takt.

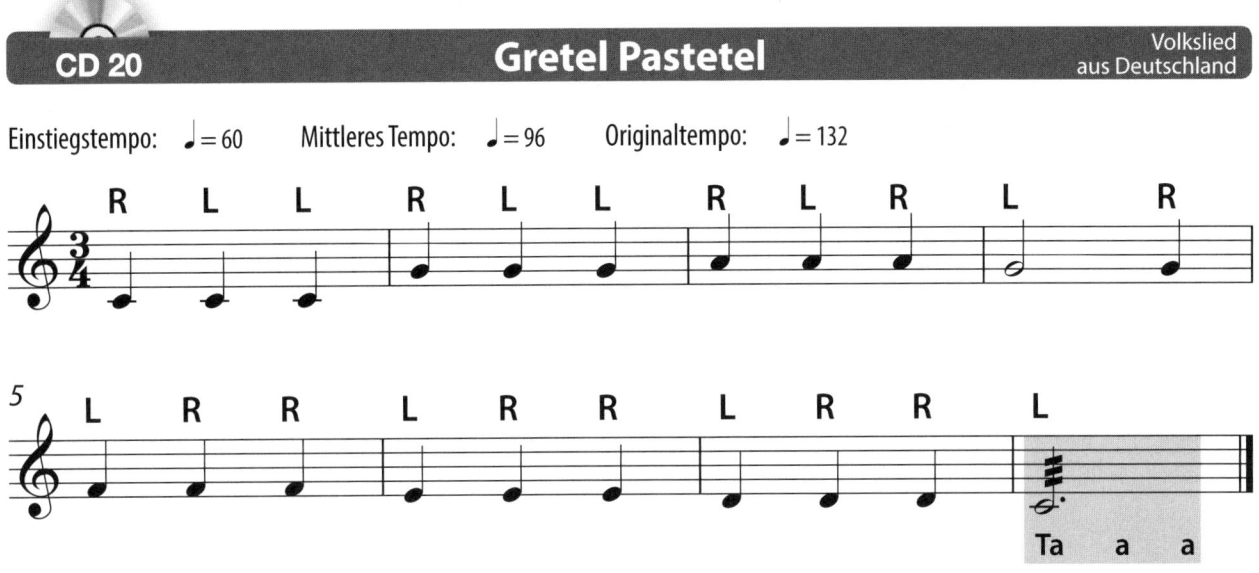

Die Zäsur (Ton neu ansetzen)

Die **kleinen Haken** zwischen den tremolierten Tönen auf dem Ton c' in der letzten Notenzeile des nächsten Lieds zeigen an, dass hier immer eine **winzig kleine Pause** eingefügt wird. Jeder Ton wird neu angesetzt, als wenn ein Sänger im Lied ein neues Wort oder eine neue Silbe singt. Dazu werden die **Schlägel leicht hoch** gehoben, kurz bevor der nächste Ton kommt. Die Pause soll **hörbar** sein. Das anschließende Tremolo wird neu angeschlagen. Auch hier ist ein Metronom äußerst hilfreich, um im Tempo zu bleiben.

Auf dem **Vibraphon** wird wieder das Pedal eingesetzt, dass für die Pause jedes Mal kurz losgelassen wird.

Mini-Pause machen

Der Haltebogen

Im *vorletzten* und *letzten Takt* des nächsten amerikanischen Kinderliedes *Patsy-ory-ory-aye* werden erstmals zwei tremolierte Halbe Noten durch einen *Haltebogen* aneinandergebunden. Der *Haltebogen* verbindet zwei oder mehrere Töne *gleicher Tonhöhe*, deren Notenwerte zu *einem langen Ton* zusammengezählt werden.

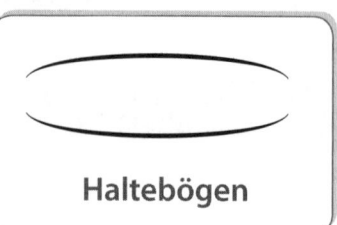

In *Patsy-ory-ory-aye* wird in der Summe über *fünf Viertelschläge* hinweg tremoliert, denn drei Viertel plus zwei Viertel ergeben fünf Viertel!

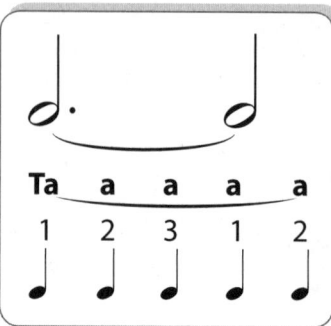

> REGEL: Ein Haltebogen verlängert die erste Note um den Wert der nächsten Note.

CD 22 — **Patsy-ory-ory-aye** — Kinderlied aus den U.S.A.

Einstiegstempo: ♩ = 60   Mittleres Tempo: ♩ = 112   Originaltempo: ♩ = 160

5 Viertelschläge lang aushalten!

Tonart-Vorzeichen

In den nächsten Liedern stehen erstmals am Anfang jeder Zeile **zwei** sogenannte **Kreuze** (♯). Kreuze sind *Vorzeichen*, die die jeweilige Tonart eines Musikstücks bestimmen. Sie stehen immer am Anfang einer Notenzeile und gelten für das *gesamte Stück*.

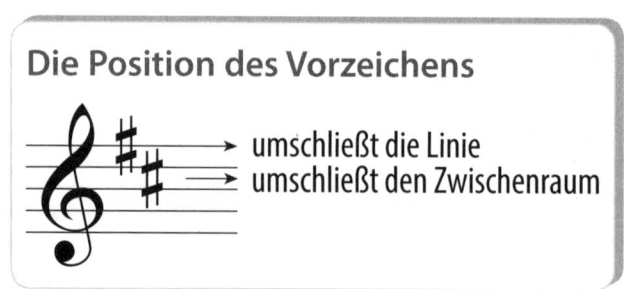

Die *Position des Vorzeichens*, also auf welcher Linie das Vorzeichen platziert ist bzw. welchen Zwischenraum es umschließt, bestimmt, welche Note betroffen ist.

Das Kreuz-Vorzeichen

Ein Kreuz (♯) zeigt an, dass eine Note um einen **halben Ton erhöht** wird, und zwar *in jeder Tonlage*. Auf der Marimba schlägst du also die nächstgelegene Taste *rechts* von der Note ohne Vorzeichen an:

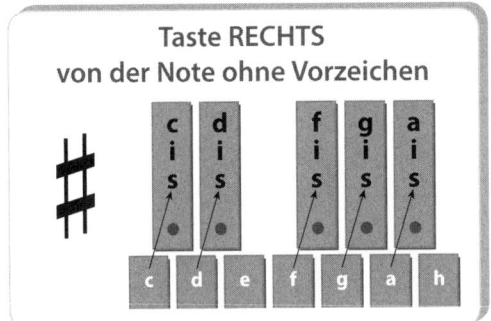

Der Name einer durch ein Kreuz erhöhten Note endet immer auf „**is**":

C wird zu **C♯** = **Cis**, **D** wird zu **D♯** = **Dis**, **F** wird zu **F♯** = **Fis**, **G** wird zu **G♯** = **Gis**, **A** wird zu **A♯** = **Ais**.

Bisher haben wir ausschließlich in C-Dur *ohne Vorzeichen* auf den diatonischen Tönen in der *vorderen Tastenreihe* der Marimba gespielt. Aufgrund der beiden Kreuz-Vorzeichen verändert sich die Tonart der nächsten Lieder zu **D-Dur**.

Das *erste Kreuz* auf der obersten Linie umfasst das hohe f, das um einen Halbton zu einem **fis** erhöht wird. Grundsätzlich gilt das für jedes f, auch in den *anderen Tonlagen*. Angeschlagen wird das **fis rechts oberhalb vom f** auf der *linken Taste der Dreiergruppe* der hinteren Tastenreihe.

Das *zweite Kreuz* umfasst das hohe c, das ebenfalls um einen Halbton zu einem **cis** erhöht wird. Grundsätzlich gilt das für jedes c, auch in den *anderen Tonlagen*. Angeschlagen wird das **cis rechts oberhalb vom c** auf der *linken Taste der Zweiergruppe* der hinteren Tastenreihe.

Achte darauf, dass du die **fis**- und **cis**-**Tasten** genau *in der Mitte* anschlägst. Die Armbewegung wird größer, was speziell eingeübt werden muss. Eine neue spieltechnische Herausforderung!

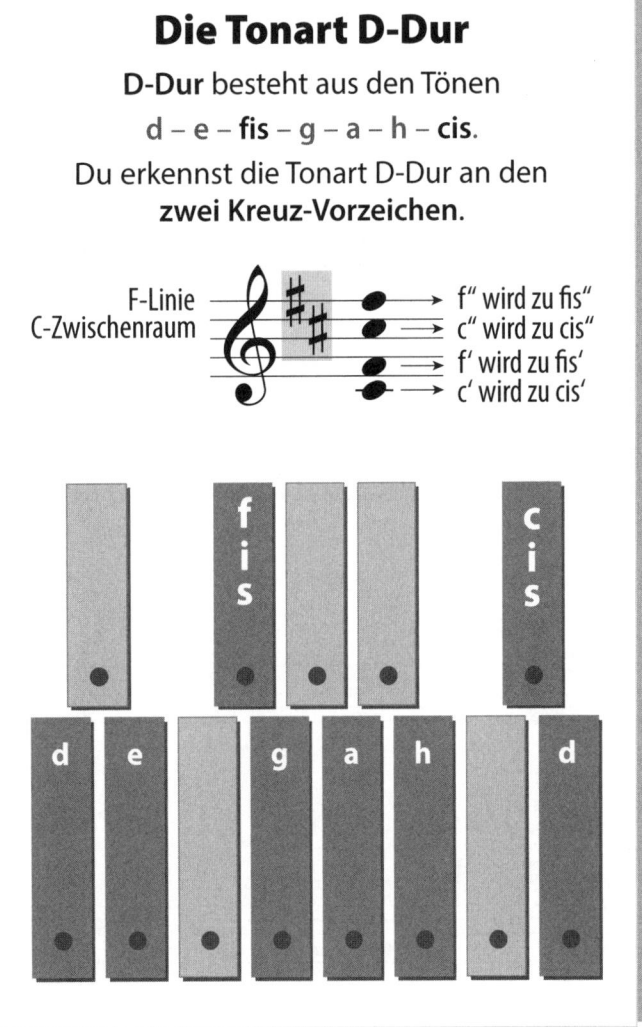

REGEL: Vorzeichen am Anfang der Notenzeilen verändern alle Töne im gesamten Musikstück, die mit dem gekennzeichneten Ton im Abstand von Oktaven stehen.

Bevor du die nächsten beiden Lieder zu spielen beginnst, markiere dir alle **f**, die zu **fis** werden. Du findest übrigens erst mal *kein* cis, da die nächsten Melodien diesen Ton noch auslassen.

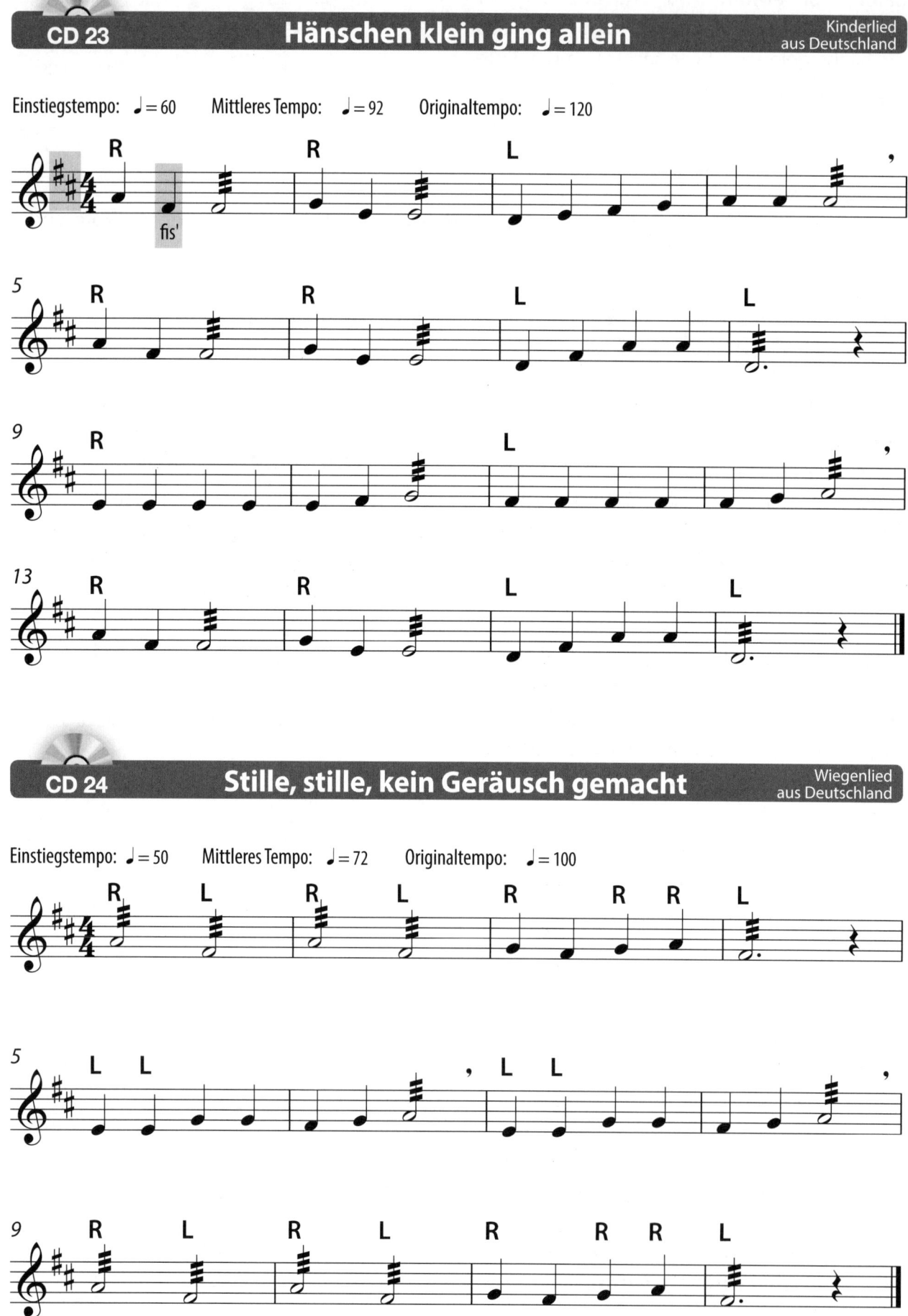

Kapitel 1: Viertel, Halbe, Ganze Noten | Tonart: D-Dur

Am Schluss des nächsten Liedes steht erstmals ein *rit.-Zeichen*. Es ist die Abkürzung für *ritardando* [*ital.: langsamer werdend*]. Für Musiker wie dich heißt das, dass du ab diesem Zeichen allmählich von Ton zu Ton langsamer spielen sollst. Enorm hilfreich am Anfang ist, sich dazu die Titel auf der *beiliegenden CD* anzuhören.

> *rit.*
> **Abkürzung für ritardando**
> [*ital.: langsamer werdend*]

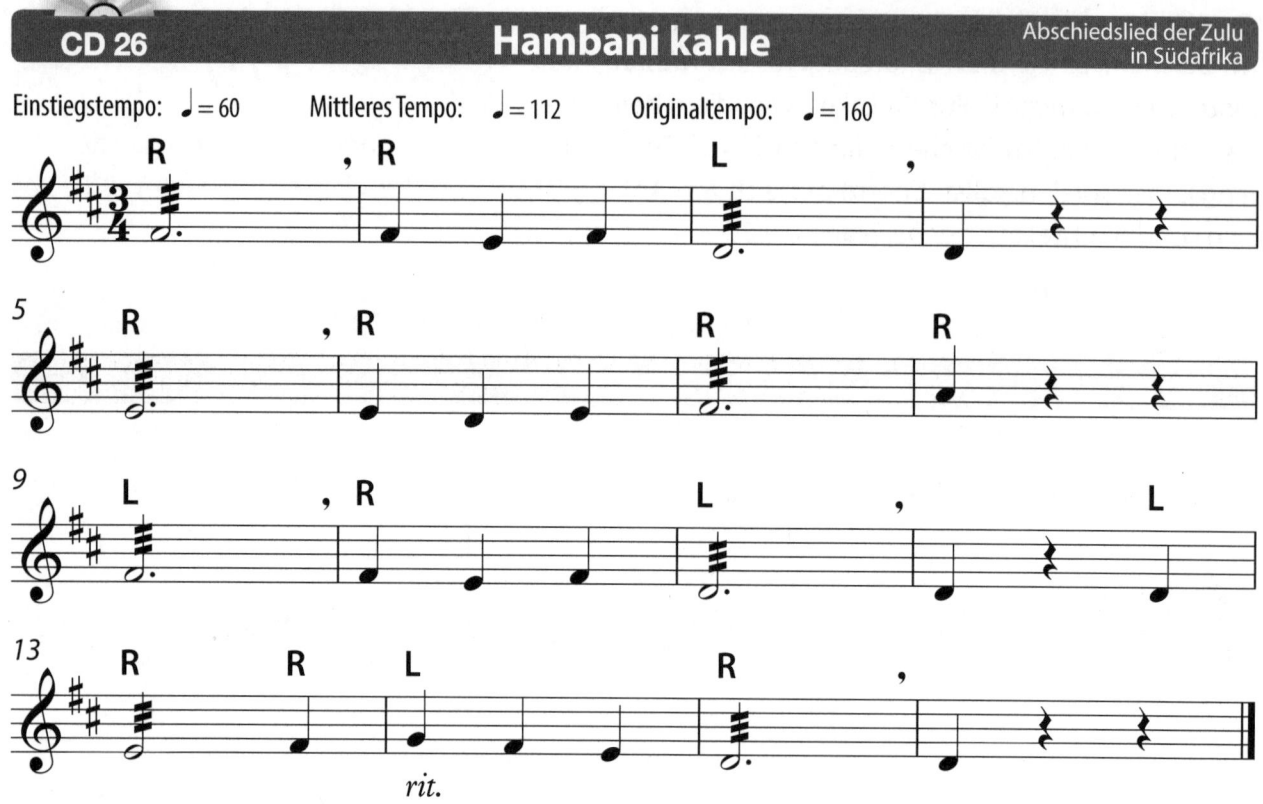

Achtung: Bei *Oh When the Saints* werden neben den Halben Noten auch andere Notenwerte mit *Haltebögen* verbunden. Zähle die unterschiedlichen Notenwerte exakt zusammen. Auch hier ist das Metronom eine sehr wichtige Stütze.

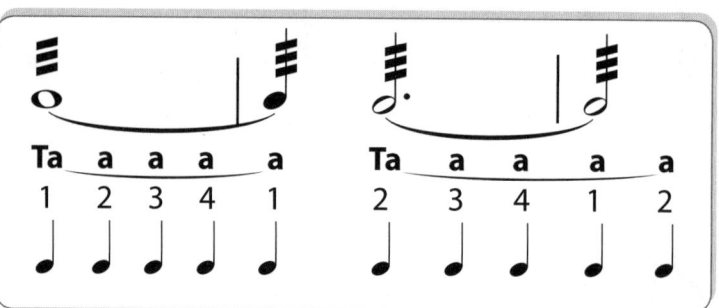

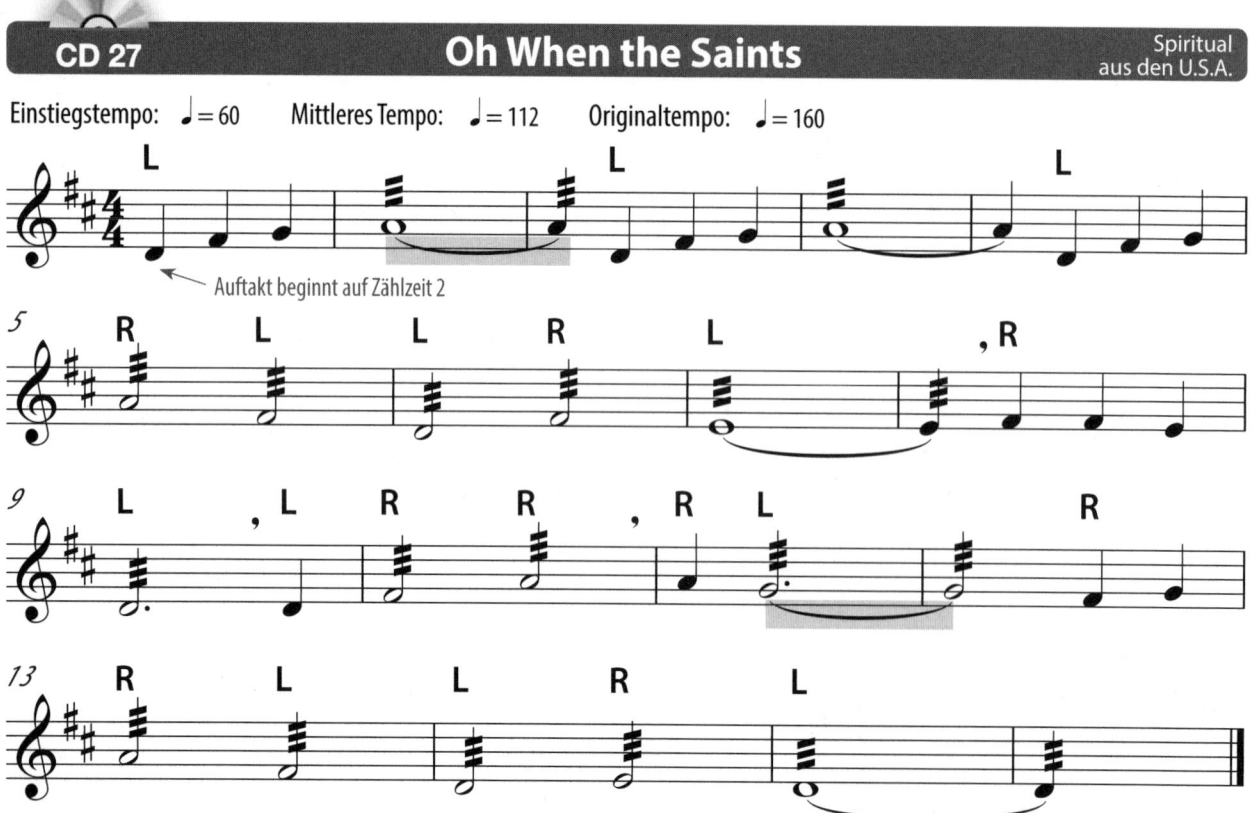

Kapitel 1: Viertel, Halbe, Ganze Noten | Tonart: D-Dur

Im nächsten Lied findest du über dem vierten Takt der ersten Zeile eine *Wiederholungsklammer* mit „**1.**" (auch *Haus 1* genannt) und im nächsten Takt eine Wiederholungsklammer mit „**2.**" (auch *Haus 2* genannt). Das bedeutet, du spielst beim *ersten Durchgang* die Noten in *Klammer 1*.

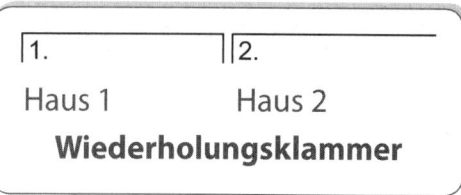

Dann beginnst du wieder von vorn, *überspringst* die Klammer 1 und spielst die Noten in *Klammer 2*, dem sogenannten *zweiten Schluss*. Danach geht das Lied wie notiert weiter.

CD 28 — **Hänsel und Gretel** — Kinderlied aus Deutschland

Einstiegstempo: ♩ = 60   Mittleres Tempo: ♩ = 100   Originaltempo: ♩ = 144

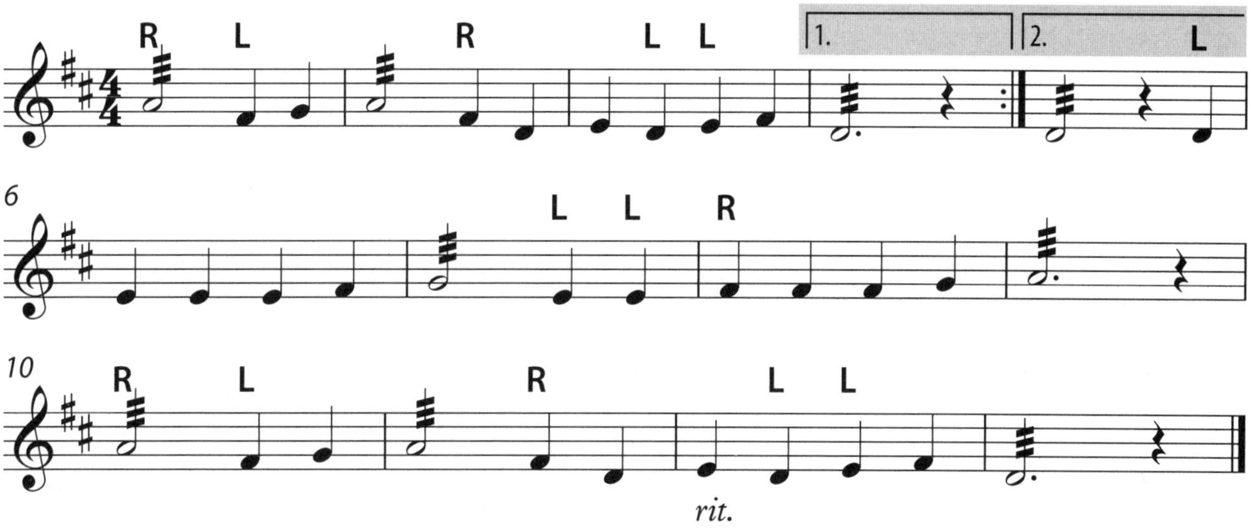

Ein neuer Ton: h'

In den nächsten Liedern erscheint erstmals der Ton **h'** über dem a'. Der Notenkopf des **h'** befindet sich auf der *mittleren* Notenzeile. Ab dem h' aufwärts greift die *Notensatzregel*, dass bei Noten ab der mittleren Zeile und höher der *Notenhals nach unten* zeigt.

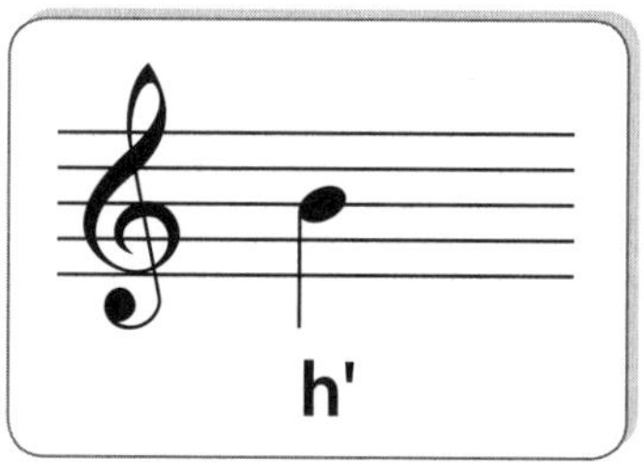

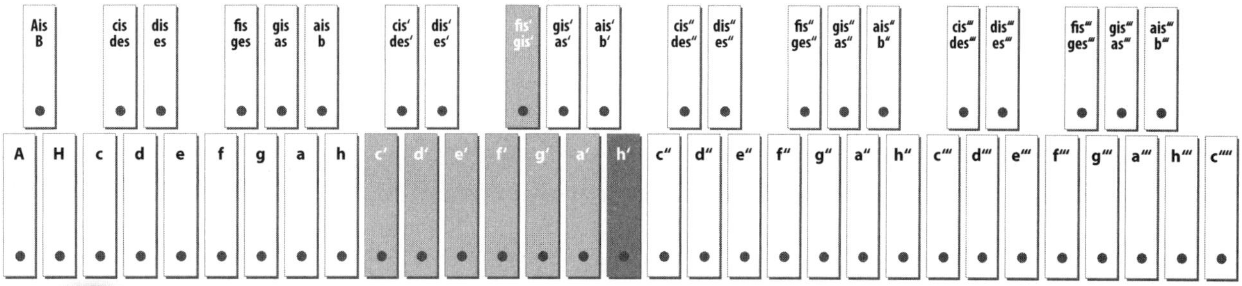

CD 29 — **Eia popeia** — Kinderlied aus Deutschland

Einstiegstempo: ♩ = 60   Mittleres Tempo: ♩ = 100   Originaltempo: ♩ = 144

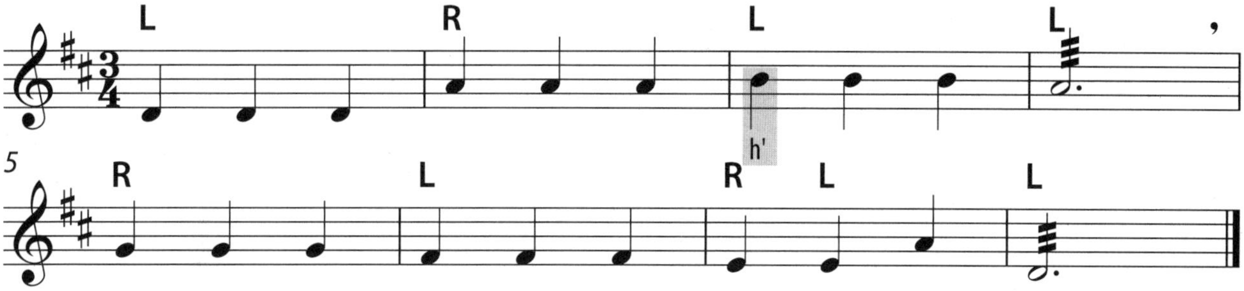

Backe, backe Kuchen
Kinderlied aus Deutschland

Einstiegstempo: ♩ = 60   Mittleres Tempo: ♩ = 96   Originaltempo: ♩ = 132

Dornröschen war ein schönes Kind
Kinderlied aus Deutschland

Einstiegstempo: ♩ = 60   Mittleres Tempo: ♩ = 96   Originaltempo: ♩ = 132

Auftakt beginnt auf Zählzeit 4

Wer hat die schönsten Schäfchen
Musik: J. F. Reichardt (1752–1814)
Text: Hoffmann v. Fallersleben (1798–1874)

Einstiegstempo: ♩ = 50   Mittleres Tempo: ♩ = 76   Originaltempo: ♩ = 100

Auftakt beginnt auf Zählzeit 4

Kapitel 1: Viertel, Halbe, Ganze Noten | Tonart: D-Dur

Diesem bekannten Weihnachtslied liegt die französische Melodie *Ah, vous dirai – je Maman* zugrunde. Der deutsche Text stammt von Heinrich A. Hoffmann von Fallersleben (1798–1874).

Eine neue Taste in der oberen Reihe: cis'

In den nächsten Liedern kommt nun endlich das **cis'** (*vgl. S. 29*) zum Tragen. Es wird auf der *Hilfslinie* unter den Notenlinien notiert und ergibt sich aus den beiden Kreuz-Vorzeichen in D-Dur. Ich empfehle, das Kreuz zunächst jedes Mal vor diese Note zu zeichnen.

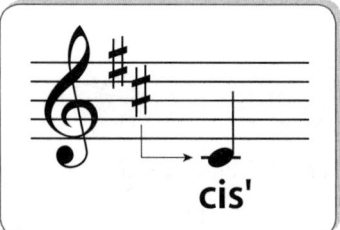

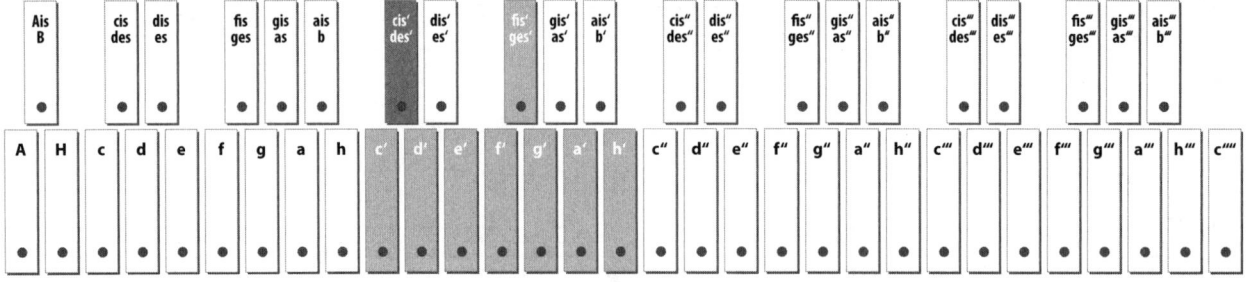

Kapitel 1: Viertel, Halbe, Ganze Noten | Tonart: D-Dur

Es regnet, es regnet

Kinderlied aus dem 19. Jahrhundert

Das zweigestrichene c″

Nach so vielen Liedern in D-Dur kehren wir zurück zur Tonart C-Dur ohne Vorzeichen. Im nächsten Lied kommt erstmals das **zweigestrichene c″** oberhalb des h′ dazu. Notiert wird das c″ im *dritten Zwischenraum von unten* und der Notenhals zeigt nach unten.

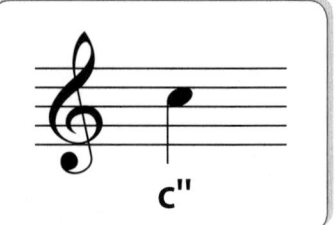

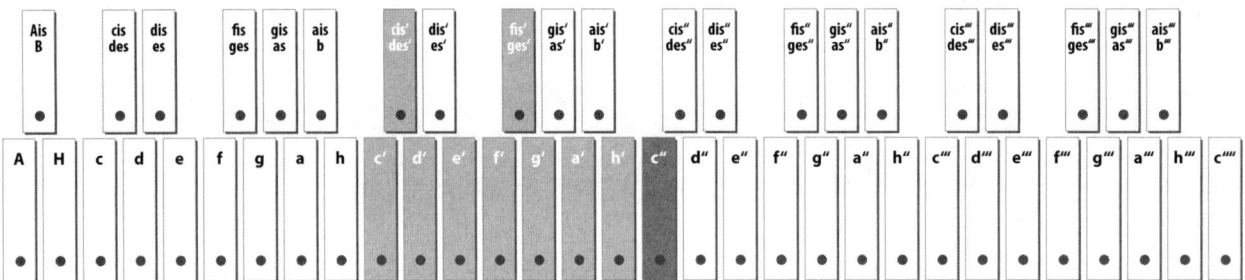

Zeigt her eure Füße

Tanzlied
Text: Albert Methfessel (1785–1869)

Kapitel 1: Viertel, Halbe, Ganze Noten | Tonart: G-Dur

Die Tonart G-Dur

In den nächsten Liedern steht am Anfang jeder Notenzeile nur *ein Kreuz* für das **fis**. Das heißt, diese Lieder stehen in **G-Dur**.

Achte weiterhin darauf, dass du die **fis-Taste** genau *in der Mitte* anschlägst. Hier klingt sie runder!

> *REGEL:*
>
> *Es gilt weiterhin:*
>
> *Vorzeichen am Anfang der Notenzeilen verändern alle Töne im gesamten Musikstück, die mit dem gekennzeichneten Ton im Abstand von Oktaven stehen.*

CD 41 — **The Billboard** — Traditional aus den U.S.A.

Einstiegstempo: ♩ = 69   Mittleres Tempo: ♩ = 108   Originaltempo: ♩ = 152

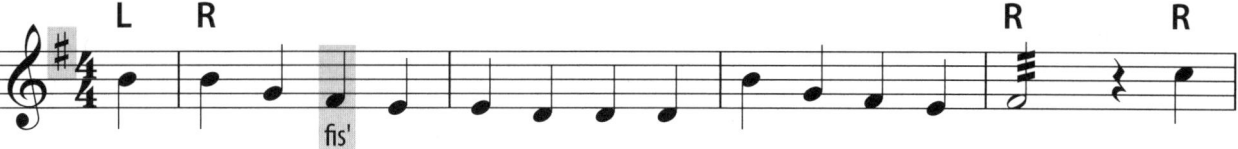

rit.

Das zweigestrichene d"

Wir erweitern den Tonraum um das **zweigestrichene d"** oberhalb des c". Notiert wird es auf der *zweiten Notenzeile von oben* und der Notenhals zeigt wieder nach unten.

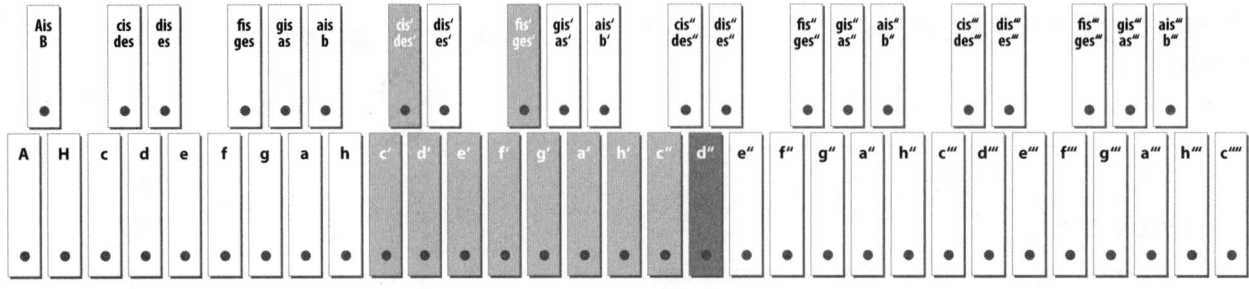

Das **d"** kommt erstmals im ersten Takt der zweiten Zeile auf der dritten Zählzeit vor.

CD 42 — Im Märzen der Bauer
Volkslied aus Mähren

Einstiegstempo: ♩ = 60   Mittleres Tempo: ♩ = 96   Originaltempo: ♩ = 132

CD 43 — Liebe Schwester, tanz mit mir
Tanzlied aus Deutschland

Einstiegstempo: ♩ = 60   Mittleres Tempo: ♩ = 112   Originaltempo: ♩ = 152

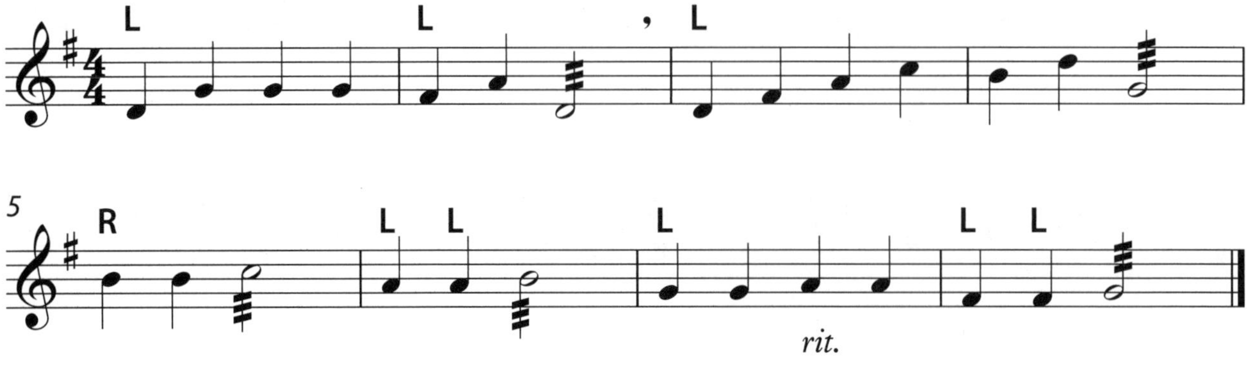

Kapitel 1: Viertel, Halbe, Ganze Noten | Tonart: G-Dur

CD 44 — Nun ruhen alle Wälder
Musik: Heinrich Isaac (1450–1517)
Text: Paul Gerhardt (1607–1676)

Einstiegstempo: ♩ = 50   Mittleres Tempo: ♩ = 76   Originaltempo: ♩ = 100

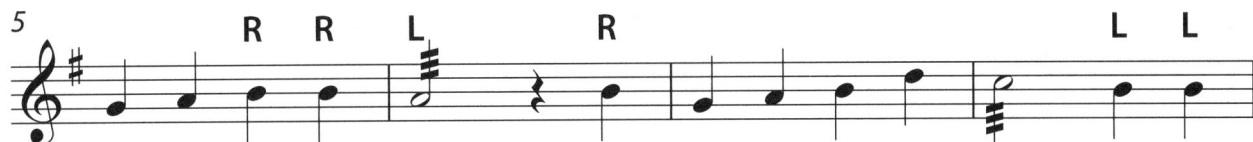

Der 6/4-Takt

Im nächsten Lied steht am Taktanfang zum ersten Mal eine „6" über der „4". Das bedeutet, dass in jedem Takt **sechs Viertelnoten** vorkommen.

> **Der 6/4-Takt**
>
> 6 — Ein Takt enthält **sechs** Schläge
> 4 — **Ein** Schlag = eine **Viertelnote**

CD 45 — Ich sah drei Schiffe kommen her
Traditional aus England

Einstiegstempo: ♩ = 60   Mittleres Tempo: ♩ = 112   Originaltempo: ♩ = 160

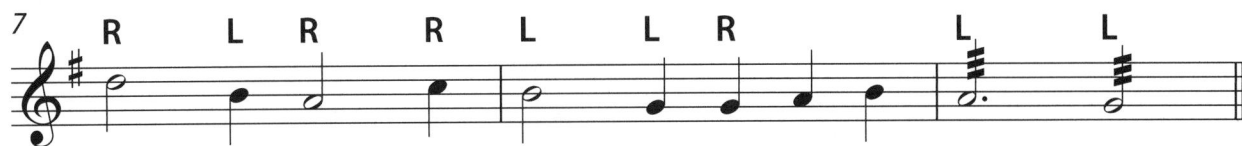

Sur le pont d'Avignon

Traditional aus Frankreich

Einstiegstempo: ♩ = 60   Mittleres Tempo: ♩ = 100   Originaltempo: ♩ = 144

(Notenbeispiel)

Das zweigestrichene cis"

In den folgenden Liedern, welche wieder in der Tonart **D-Dur** musiziert werden, kommt jetzt erstmals das **zweigestrichene cis"** neben dem **eingestrichenen fis'** vor. Hilfreich ist, sich direkt vor die jeweiligen Noten das Kreuz zu schreiben.

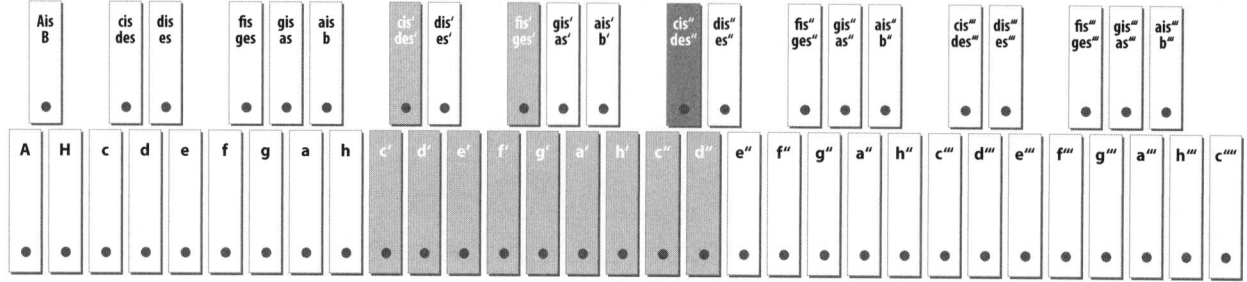

Kapitel 1: Viertel, Halbe, Ganze Noten | Tonart: G-Dur

CD 47 — Sweet Betsy from Pike
Traditional aus den U.S.A.

Einstiegstempo: ♩ = 60   Mittleres Tempo: ♩ = 92   Originaltempo: ♩ = 126

CD 48 — Die goldne Brücke
Bewegungslied

Einstiegstempo: ♩ = 60   Mittleres Tempo: ♩ = 90   Originaltempo: ♩ = 120

CD 49 — Wir fahren nach Jerusalem
Bewegungslied

Einstiegstempo: ♩ = 60   Mittleres Tempo: ♩ = 96   Originaltempo: ♩ = 132

In *Schön ist die Erde* werden in den letzten beiden Takten zwei Ganze Noten durch einen *Haltebogen* verbunden. Der Ton wird über acht Viertelschläge tremolierend ausgehalten, da muss gut mitgezählt werden!

Dynamik

Ein ganz wichtiger Parameter in der Musik ist die **Dynamik** (= **Lautstärke**). Sie ist immer unter der jeweiligen Note notiert, ab der sie gilt, bis eine andere Lautstärke angegeben wird. Dafür gibt es Zeichen, die für alle Instrumente gleich sind:

Dynamikzeichen

ff = *fortissimo: sehr laut* (ähnlich dem Schreien).

f = *forte: laut* (ähnlich dem Sprechen mit angehobener lauter Stimme)

mf = *mezzoforte: mittellaut* (ähnlich dem normalen Sprechen)

mp = *mezzopiano: mittelleise* (ähnlich dem leisen Sprechen mit gedämpfter Stimme)

p = *piano: leise* (ähnlich dem flüsternden Sprechen)

pp = *pianissimo: sehr leise* (ähnlich dem kaum hörbaren Flüstern)

An der *Marimba* bzw. am *Vibraphon* wird die Dynamik über **zwei unterschiedliche Faktoren** beeinflusst:

1. Über die **Bewegung** direkt beim Musizieren. Je nach gewünschter Lautstärke ist die ausholende **Schlagbewegung** von **sehr groß** beim *ff* bis **ganz klein über den Tasten schwebend** beim *pp*.

2. Über die **Auswahl der Schlägel**, welche sowohl an der *Marimba* als auch am *Vibraphon* sehr wichtig sind. Denn je nachdem, ob mit einem weichen, mittelharten oder sehr harten Schlägel gespielt wird, ist die Dynamik von Anfang an leiser oder lauter. Das Gefühl dafür, welcher Schlägel für welches Lied am besten geeignet ist, entwickelt sich im Laufe der Zeit. Außerdem verbessert sich der Anschlag je häufiger ein Musiktitel gespielt wurde.

Kapitel 1: Viertel, Halbe, Ganze Noten | Tonart: G-Dur

Oft wechsle ich deshalb nach einiger Zeit die Schlägel. Das braucht viel Geduld, gute Ohren und eine gute Vorstellungskraft für den idealen Klang.

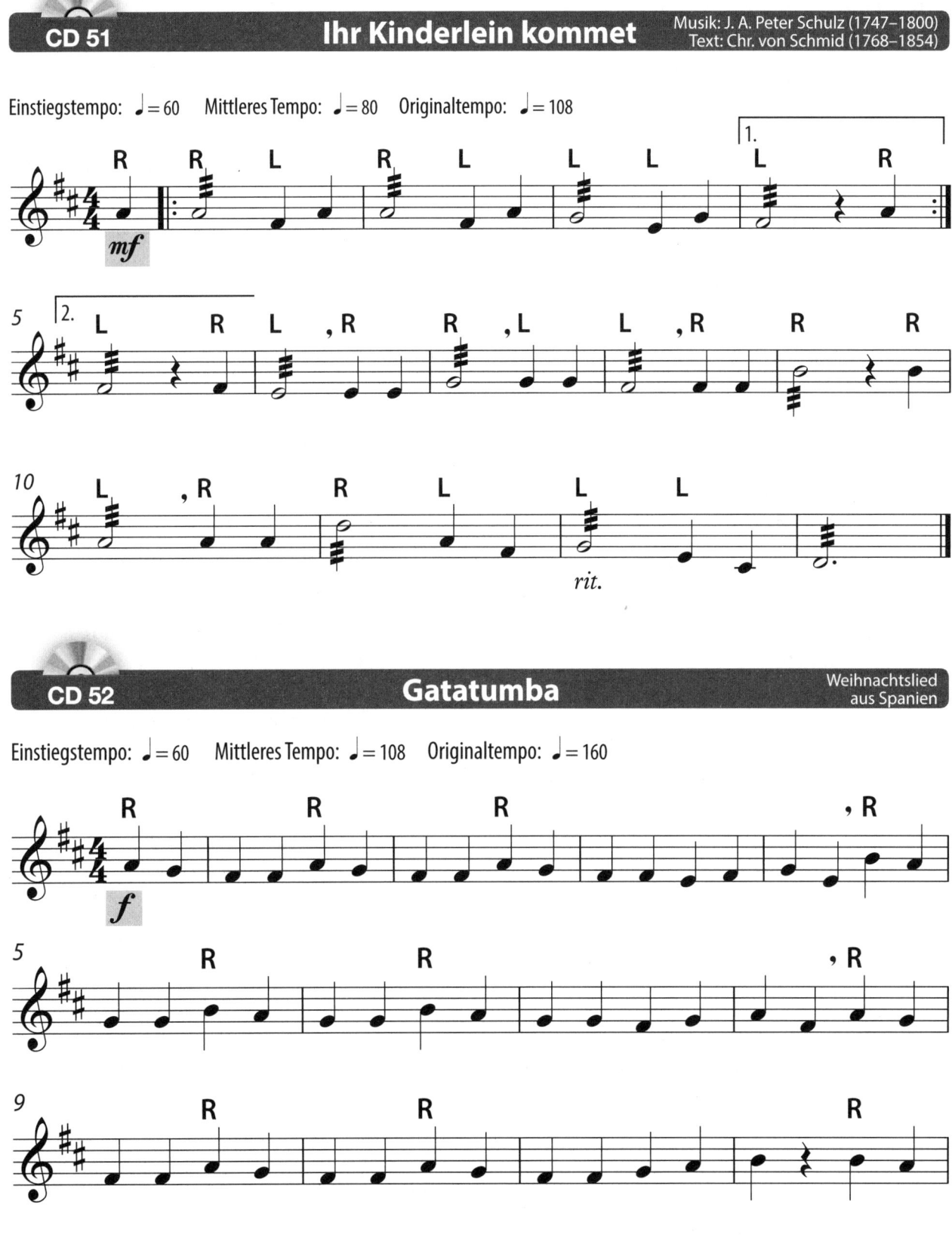

Das ♭-Vorzeichen

Ein ♭-Vorzeichen zeigt an, dass eine Note um einen **halben Ton erniedrigt** wird, und zwar *in jeder Tonlage*. Auf der Marimba schlägst du auf der oberen Tastenreihe die nächstgelegene Taste *links* von der vorderen Taste an:

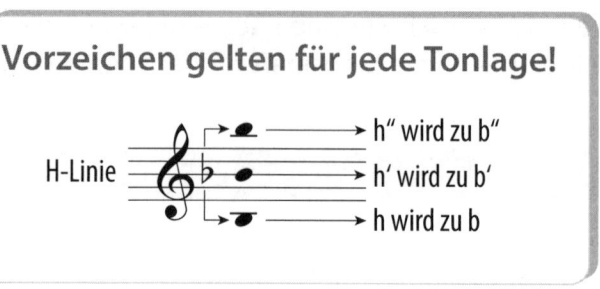

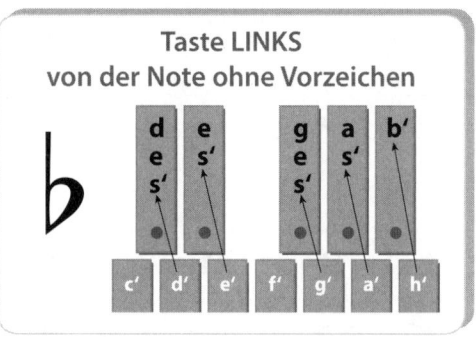

An den ursprünglichen Notennamen wird in der Regel ein **es** angehangen:

C wird zu **C♭ = Ces**, **D** wird zu **D♭ = Des**,
F wird zu **F♭ = Fes**, **G** wird zu **G♭ = Ges**.

Ausnahmen:

E wird zu **E♭ = Es**, **A** wird zu **A♭ = As**, **H** wird zu **♭ = B**.

Die Tonart mit **einem ♭-Vorzeichen** ist **F-Dur**. Das Vorzeichen umschließt das **h** auf der *mittleren Notenlinie*, der um einen Halbton erniedrigt zum Ton **b** wird. Du schlägst das **b** in der oberen Tastenreihe *links* vom **h** auf der *rechten Taste der Dreiergruppe* an.

Achte darauf, dass du die **b-Taste** genau *in der Mitte* anschlägst.

> *REGEL:*
> *Auch ♭-Vorzeichen am Anfang der Notenzeilen verändern alle Töne im gesamten Musikstück, die mit dem gekennzeichneten Ton im Abstand von Oktaven stehen.*

Das eingestrichene b'

Im folgenden Kinderlied *Cowboy Bill* findest du den eingestrichenen Ton **b'** erstmals bei der dritten Viertelnote im vierten Takt der ersten Zeile.

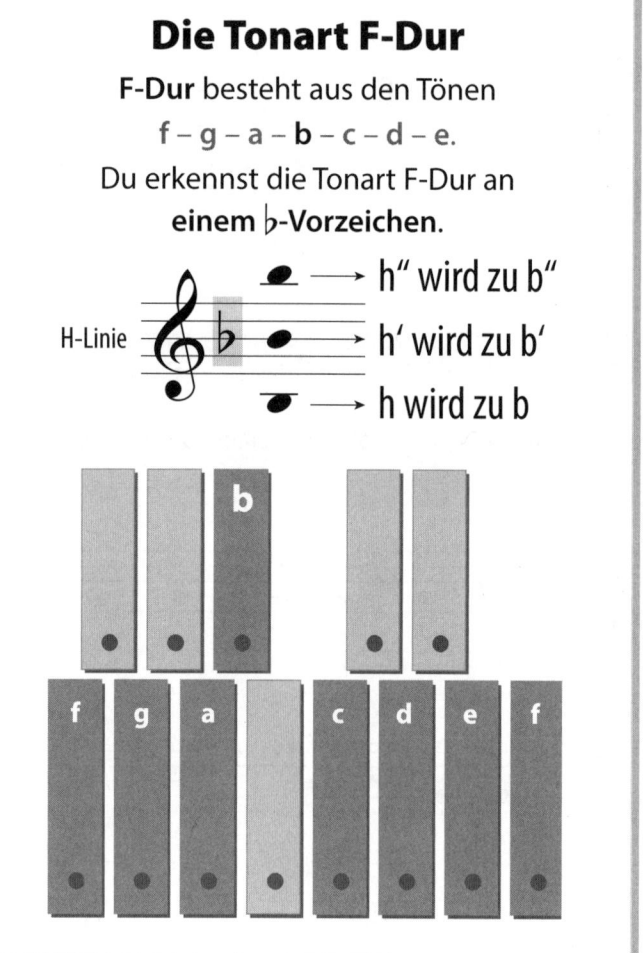

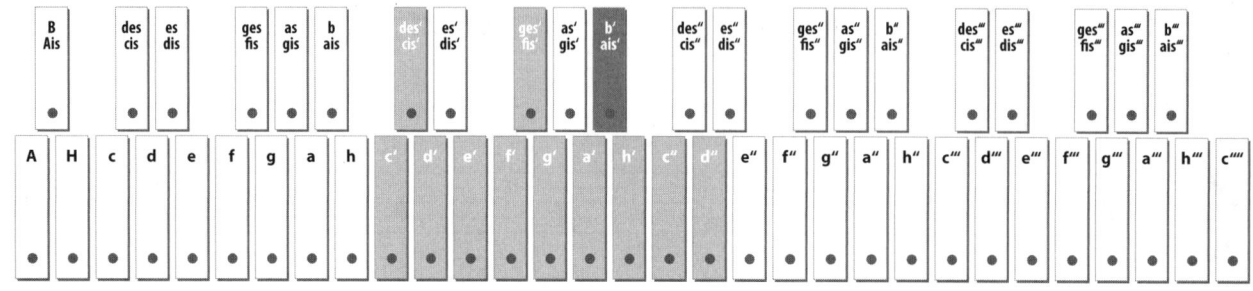

Kapitel 1: Viertel, Halbe, Ganze Noten | Tonart: F-Dur

Das ♯-Versetzungszeichen

Im Gegensatz zum ♯-Vorzeichen (vgl. S. 29) steht ein ♯-Versetzungszeichen nicht am Anfang der Notenzeile, sondern *direkt vor* einer Note. Auch das Versetzungszeichen **erhöht** diese Note **um einen Halbton**. Das gilt aber nicht für das gesamte Stück, sondern nur bis zum Ende des jeweiligen Taktes.

> **REGEL:**
> Ein Kreuz (♯)-Versetzungszeichen gilt nur bis zum Ende des Taktes auch für darauffolgende Noten auf gleicher Tonhöhe. Danach gelten wieder die Vorzeichen der jeweils angegebenen Tonart.

Kapitel 1: Viertel, Halbe, Ganze Noten | Versetzungszeichen

Das eingestrichene gis'

Im folgenden Lied mit den zwei Kreuzen **fis** und **cis** (D-Dur) steht in der zweiten Zeile im zweiten Takt auf dem zweiten Viertel ein weiteres Kreuz vor dem g', das dadurch zum **gis'** wird, da das Lied hier nach A-Dur (*vgl. S. 56*) moduliert. Du schlägst auf der oberen Tastenreihe rechts vom g' die mittlere Taste der Dreiergruppe direkt neben der fis-Taste an. Auch hier gilt dieses Kreuz nur für den jeweiligen Takt.

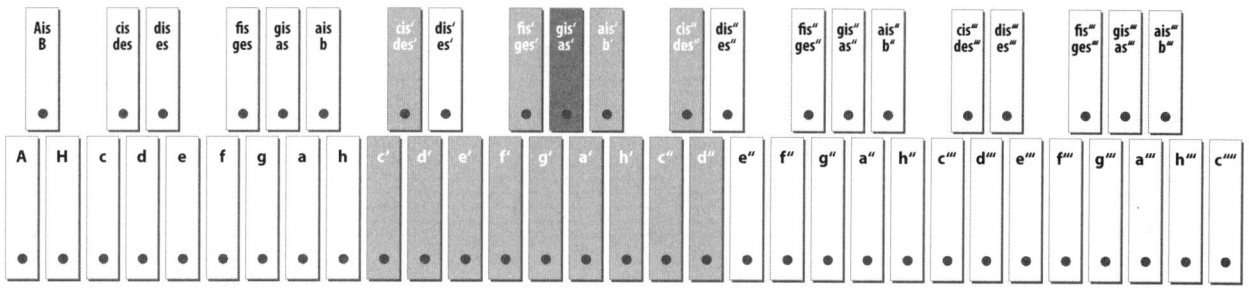

CD 58 — **Macht hoch die Tür** — Adventslied
Text: Georg Weissel (1590–1635)

Einstiegstempo: ♩ = 60   Mittleres Tempo: ♩ = 72   Originaltempo: ♩ = 92

Das kleine h

Im folgenden irischen Protestlied kommt erstmals das **kleine h** unterhalb des c' dazu. Notiert wird es unter dem Notensystem unter der ersten Hilfslinie und der Notenhals zeigt nach oben. Es kommt erstmals im fünften Takt auf der Zählzeit 1 vor.

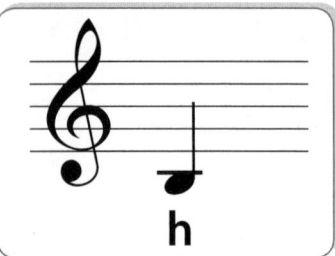

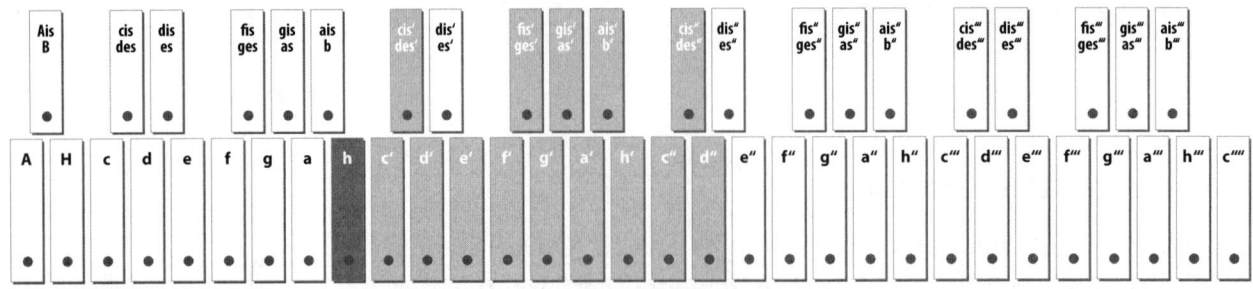

CD 59 — **Kelly from Killane**

Musik & Text: Patrick Joseph McCall (1861–1919)

Einstiegstempo: ♩ = 60   Mittleres Tempo: ♩ = 104   Originaltempo: ♩ = 160

Kapitel 1: Viertel, Halbe, Ganze Noten | Versetzungszeichen

Das kleine a

Im nächsten Lied kommt erstmals das **kleine a** *unterhalb* des kleinen h dazu. Notiert wird es unter dem Notensystem auf der *zweiten Hilfslinie* und der Notenhals zeigt nach oben. Es kommt sofort im ersten Takt auf der Zählzeit „1" vor.

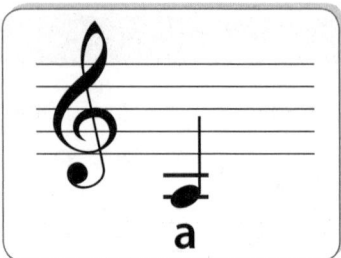

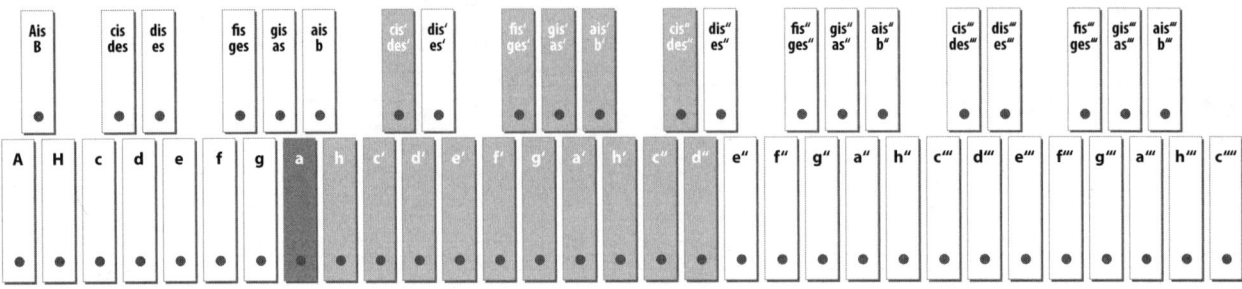

CD 62 — I Gave My Love a Cherry (The Riddle Song)
Traditional Appalachian Version

CD 63 — Brüderchen, komm tanz mit mir
Musik: E. Humperdinck (1854–1921)
Text: Adelheid Wette (1858–1916)

Kapitel 1: Viertel, Halbe, Ganze Noten | Versetzungszeichen

Ein Jäger aus Kurpfalz

Volkslied aus Deutschland

CD 64

Einstiegstempo: ♩ = 66   Mittleres Tempo: ♩ = 120   Originaltempo: ♩ = 168

Dynamikwechsel und Orientierungszeichen

Im folgenden Lied wechselt die Dynamik mehrfach zwischen **mp** – *mezzopiano*, **mf** – *mezzoforte* und **f** – *forte* (vgl. S. 44). Innerhalb eines Musikstückes kann durch wechselnde Dynamik noch mehr Spannung und Entspannung entstehen. Also achte darauf, diese genau auszuführen.

Dazu findest du in längeren Liedern **umrahmte Buchstaben**, die alphabetisch aufsteigen. Es handelt sich um sogenannte *Orientierungszeichen* oder *Formteil-Bezeichnungen*.

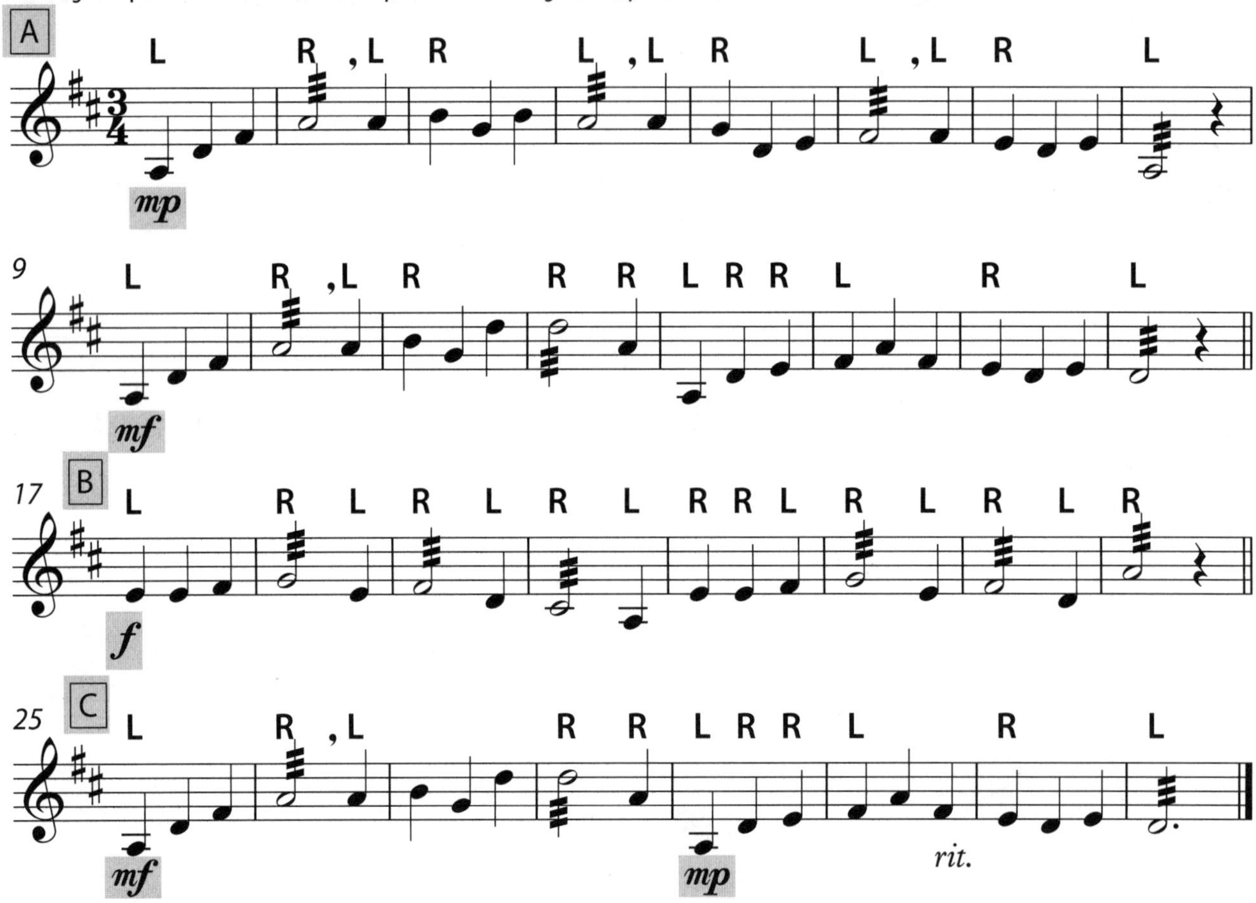

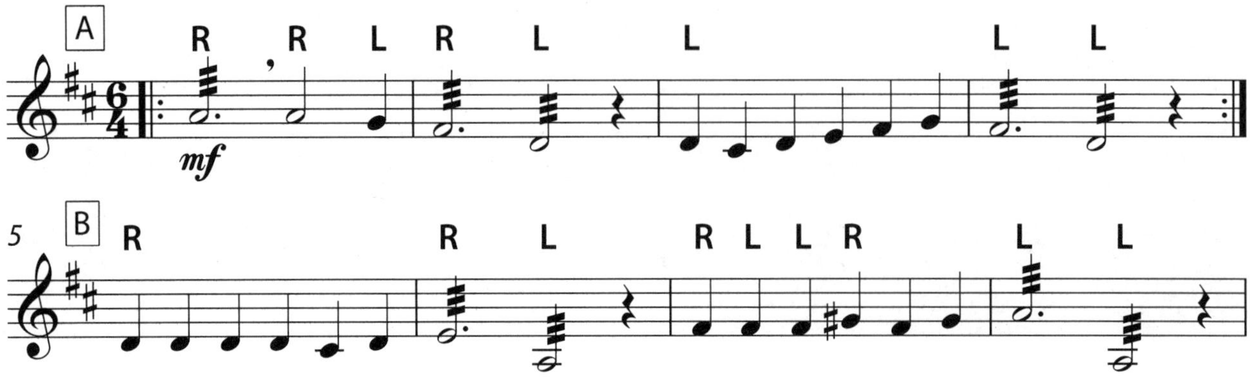

Ab dem nächsten Lied stehen am Anfang jeder Notenlinie **drei Kreuze**. Sie zeigen an, dass jeweils in der Tonart **A-Dur** musiziert wird. Neben den vertrauten **fis** und **cis** wird noch ein **gis** statt dem g gespielt. Erstmals kommt das **gis'** in der ersten Zeile im zweiten Takt auf dem dritten Viertel vor.

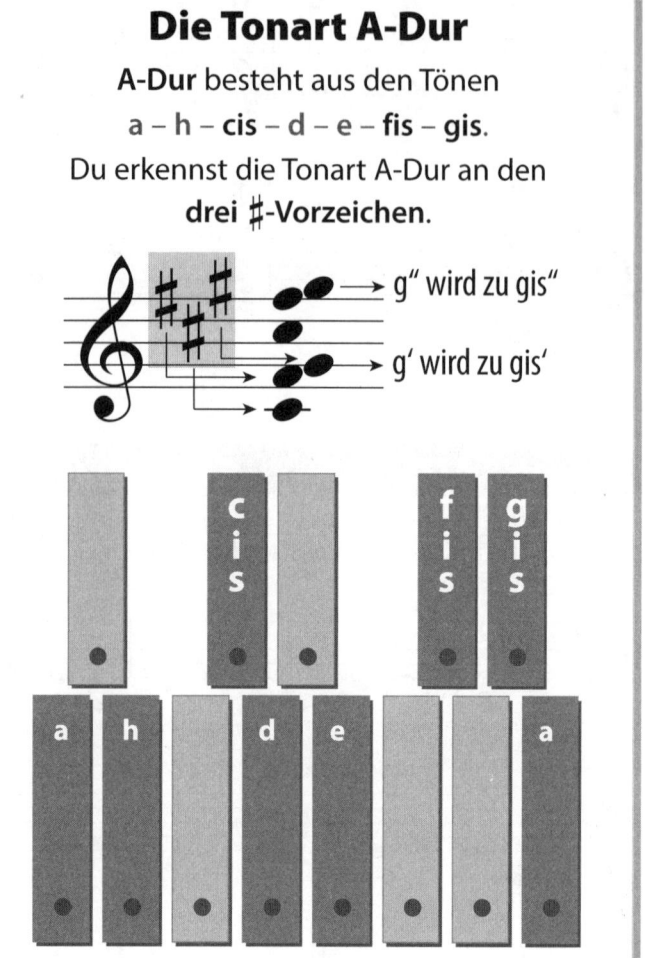

Die Tonart A-Dur

A-Dur besteht aus den Tönen
a – h – cis – d – e – fis – gis.
Du erkennst die Tonart A-Dur an den
drei ♯-Vorzeichen.

REGEL:

Es gilt weiterhin:

Vorzeichen am Anfang der Notenzeilen verändern alle Töne im gesamten Musikstück, die mit dem gekennzeichneten Ton im Abstand von Oktaven stehen.

CD 68 — **Wer sitzt auf unsrer Mauer?**

Volkslied aus Norddeutschland
Text: Hoffmann v. Fallersleben (1798–1874)

Einstiegstempo: ♩ = 66   Mittleres Tempo: ♩ = 132   Originaltempo: ♩ = 176

Kapitel 1: Viertel, Halbe, Ganze Noten | Tonart: A-Dur

Das nächste Lied ist vom Ursprung her ein sehr *ruhiges Weihnachtslied* aus Deutschland. Um dem zu entsprechen, sollte es auf der Marimba *durchgehend tremoliert* werden, was eine spieltechnische Herausforderung ist.

Ich habe deshalb den Handsatz durchgehend notiert, da es gerade beim Tremolo wichtig ist, immer die *nach oben* führenden Töne mit der *rechten Hand* und die *nach unten* gehenden Töne mit der *linken Hand* zu führen.

Im folgenden Worksong finden sich häufig am Ende einer Phrase *sehr lange tremolierte Töne*, die durch *Haltebögen* angezeigt sind. In der *zweiten Zeile* sind es im dritten und vierten Takt insgesamt *acht Viertelschläge* und in der *vierten Zeile* sogar *neun Viertelschläge*, über die die Tremolos jeweils ausgehalten werden müssen. Es hilft sehr, die Anzahl der jeweiligen Viertelschläge **als Zahl** über die Noten zu schreiben.

Zwei weitere Töne mit ♯-Vorzeichen: eis' und his'

Im folgenden italienischen Lied kommen zusätzlich zu den drei Kreuzen **zwei weitere neue Töne mit ♯-Vorzeichen** durch Modulationen von einer Tonart zu einer anderen dazu.

In der dritten Zeile wird im vierten Takt das **e'** durch das Kreuz zum **eis'**. Ungewöhnlich ist, dass das eis' auf der bisherigen **f-Taste** gespielt wird, da zwischen den Tasten e und f *keine Taste* in der *oberen chromatischen Tastenreihe* vorhanden ist. Der Tonschritt von e nach f ist also bereits ein Halbton und das **f wird damit zum eis** umgedeutet.

Ähnlich verhält es sich beim **his'** im siebten Takt der dritten Zeile. Das **his' wird auf der bisherigen c"-Taste** gespielt, das hier zum his' umgedeutet wird. Danach folgt – wie bekannt – das **cis"** auf der oberen chromatischen Tastenreihe.

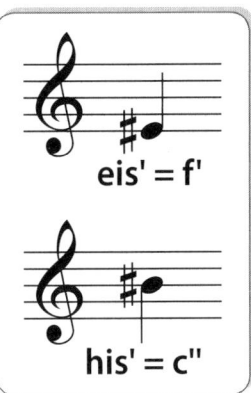

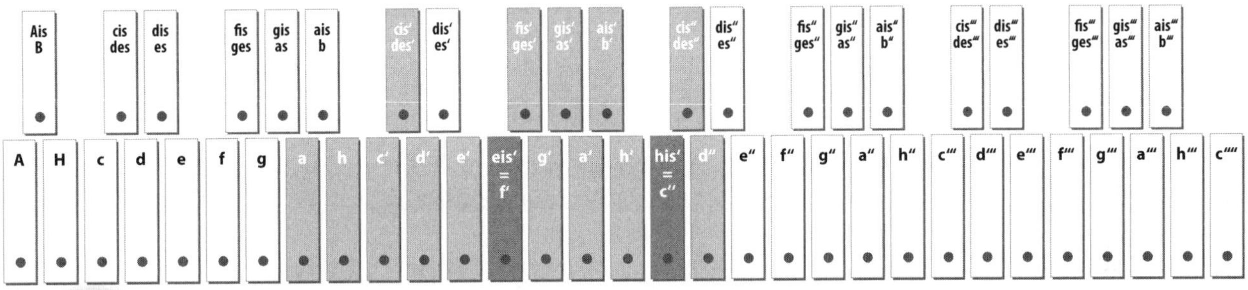

eis' = f'

his' = c"

Vieni sul mar

CD 71

Traditional aus Italien

Einstiegstempo: ♩ = 72   Mittleres Tempo: ♩ = 120   Originaltempo: ♩ = 160

Das zweigestrichene e"

Wir erweitern den Tonraum nach oben durch das **zweigestrichene e"**. Es wird notiert im obersten Zwischenraum und der Notenhals zeigt wieder nach unten. Zum ersten Mal kommt das **e"** in der ersten Zeile im Takt nach dem Auftakt auf der dritten Zählzeit vor.

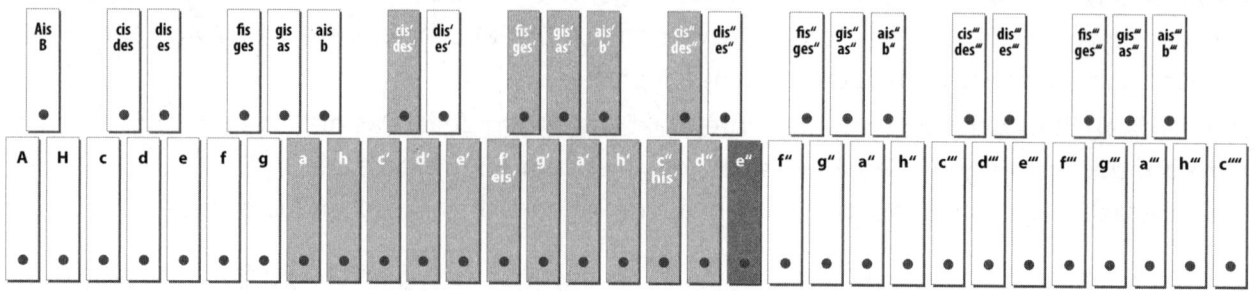

CD 72 — Es ist ein Ros entsprungen
Weihnachtslied aus: Speyerer Gesangbuch (1599)
Text: Michael Prätorius (1571–1621)

Einstiegstempo: ♩ = 60   Mittleres Tempo: ♩ = 84   Originaltempo: ♩ = 112

CD 73 — Johnny I Hardly Knew Ye
Musik & Text: Joseph B. Geoghegan (1867)

Einstiegstempo: ♩ = 72   Mittleres Tempo: ♩ = 132   Originaltempo: ♩ = 192

Kapitel 1: Viertel, Halbe, Ganze Noten | Tonart: A-Dur

CD 74 — **Alles schwingt** (Marimba-Solo)
Musik: Elisabeth Amandi (2012)
© Copyright 2020 by Alfred Music

Einstiegstempo: ♩ = 66   Mittleres Tempo: ♩ = 112   Originaltempo: ♩ = 144

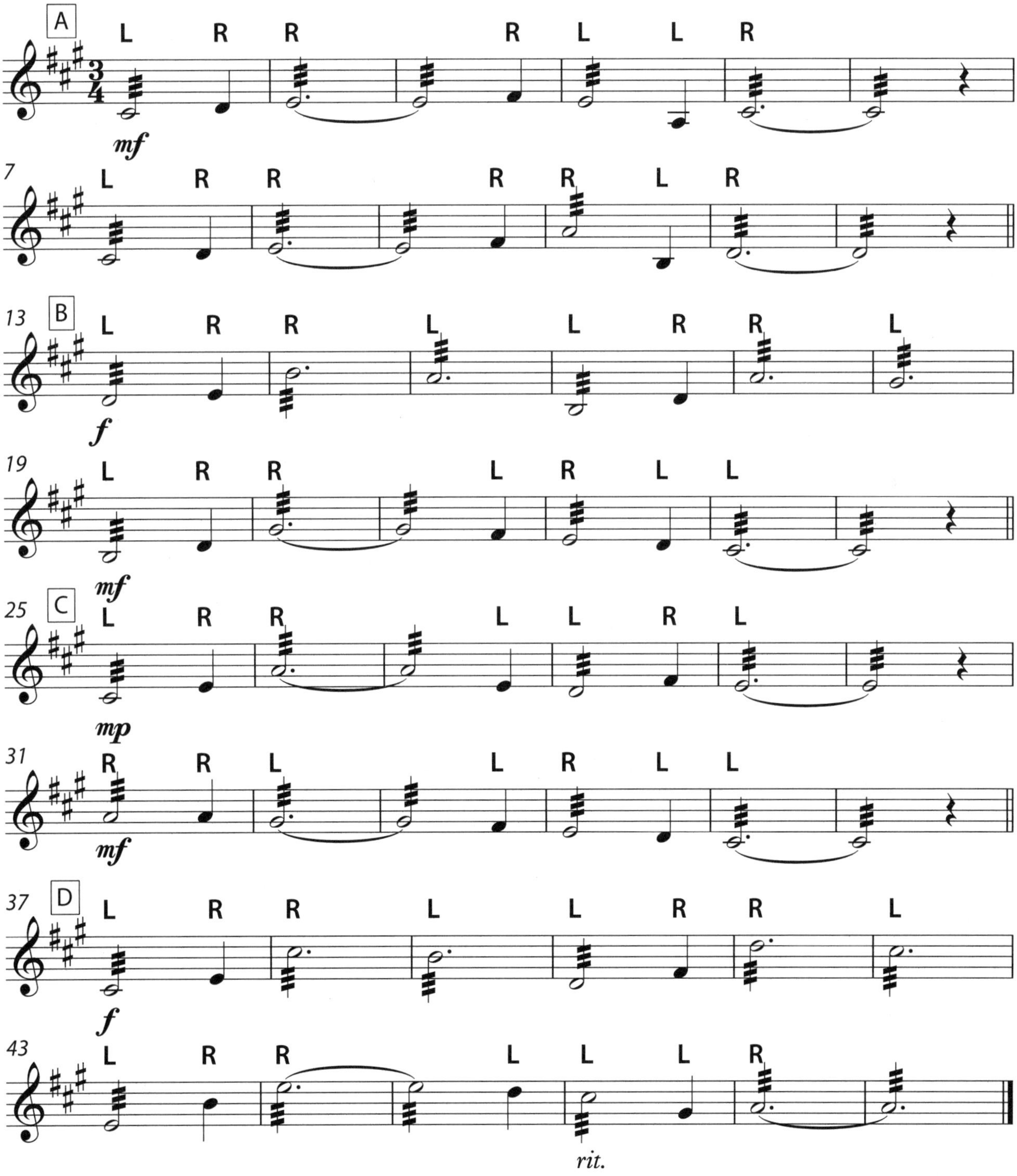

Das zweigestrichene f"

Jetzt kommt das **zweigestrichene f"** zu unserem bisherigen Tonraum dazu. Das **f"** wird auf der obersten Notenlinie notiert und der Notenhals zeigt wieder nach unten.

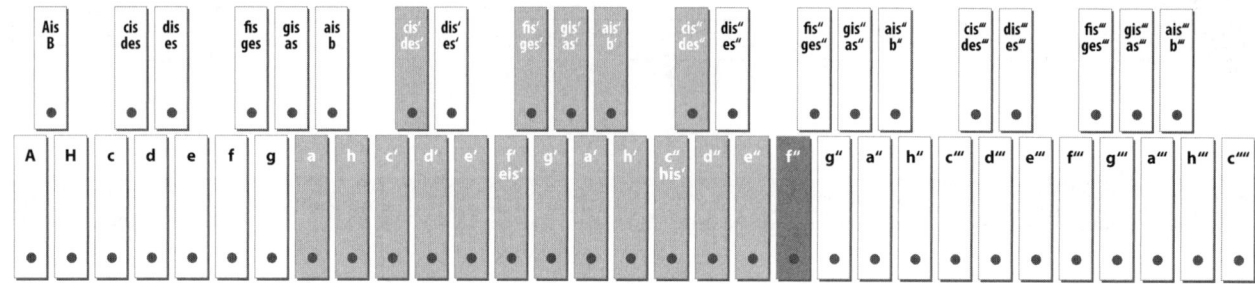

Freut euch des Lebens ist in **F-Dur** (ein ♭-Vorzeichen). Du spielst erstmals das zweigestrichene **f"** im zweiten Takt auf Zählzeit 3 und 4.

CD 75 — Freut euch des Lebens

Musik: Hans G. Nägeli (1773–1836)
Text: J. M. Usteri (1763–1827)

Einstiegstempo: ♩ = 72   Mittleres Tempo: ♩ = 138   Originaltempo: ♩ = 200

Kapitel 1: Viertel, Halbe, Ganze Noten | Tonart: A-Dur

Das zweigestrichene fis"

Das **zweigestrichene f"** mit einem ♯-Vorzeichen um einen Halbton erhöht ergibt das **zweigestrichene fis"**. Die entsprechende Taste liegt – wie gewohnt – nach rechts versetzt in der oberen chromatischen Tastenreihe.

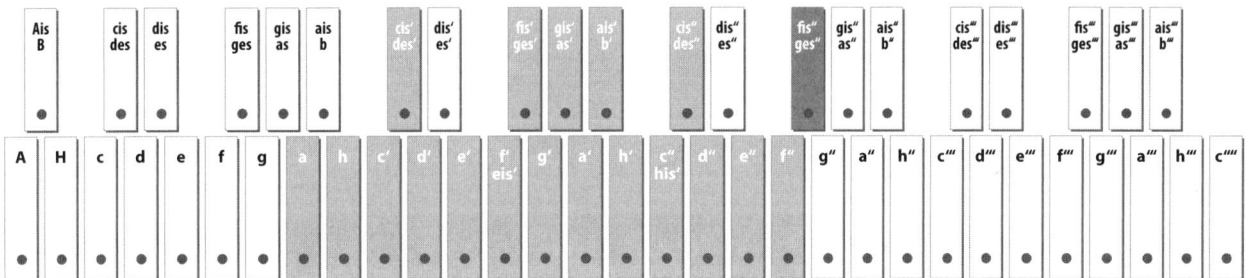

Da *Taler, Taler, du musst wandern* in **A-Dur** (drei ♯-Vorzeichen) gespielt wird, wird hier erstmals ein **fis"** im ersten Takt der zweiten Zeile auf der dritten Zählzeit (Halbe Note) verlangt.

Kapitel 1: Viertel, Halbe, Ganze Noten | Tonart: E-Dur

Das eingestrichene dis'

Ab dem nächsten Lied stehen am Anfang jeder Notenlinie vier ♯-Vorzeichen, hier für die Tonart **E-Dur**. Neben den vertrauten Tönen **fis, cis** und **gis** wird als **viertes ♯-Vorzeichen** das **dis** statt dem d gespielt. Dazu wird in der *oberen Tastenreihe* der *zweite Ton der Zweiergruppe rechts* vom d angeschlagen. Erstmals kommt das **dis'** in der ersten Zeile im dritten Takt auf dem vierten Viertel vor.

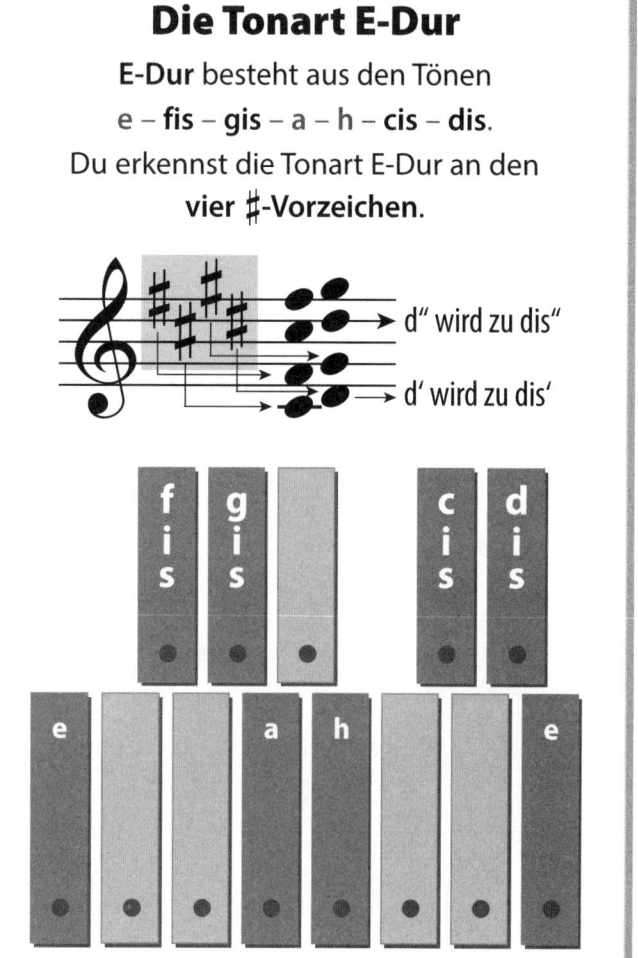

REGEL:

Es gilt weiterhin:

Vorzeichen am Anfang der Notenzeilen verändern alle Töne im gesamten Musikstück, die mit dem gekennzeichneten Ton im Abstand von Oktaven stehen.

CD 79 — **Oh mein liebes teures Kindchen** — Weihnachtslied aus Kroatien

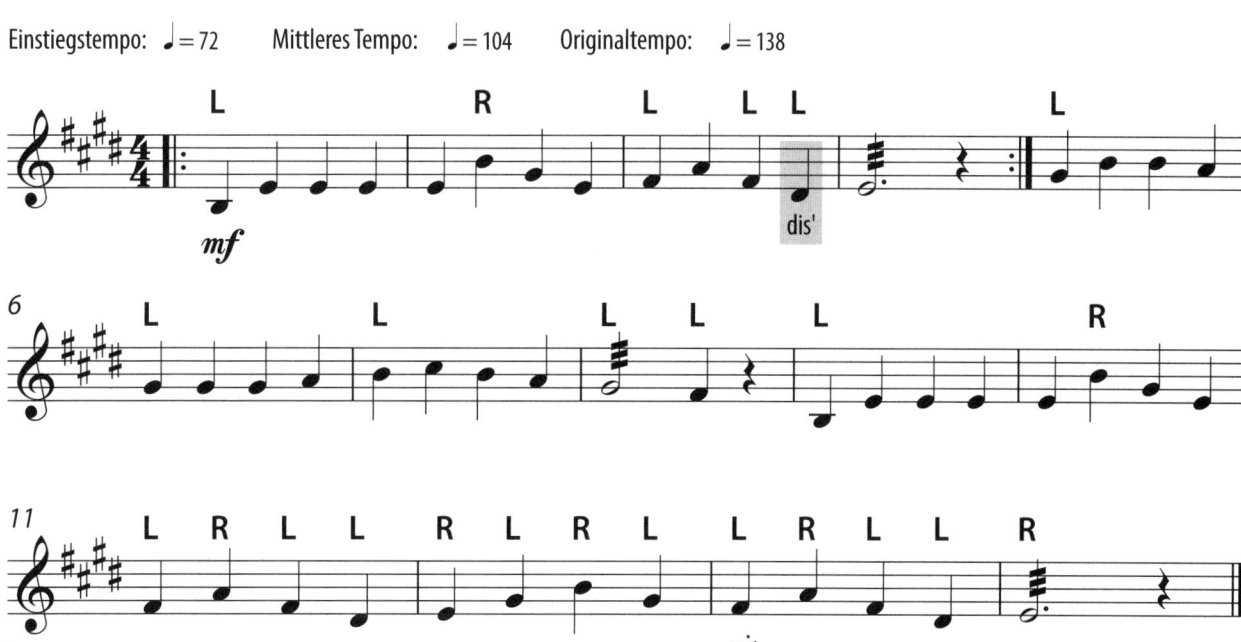

La pajarera

Kapitel 1: Viertel, Halbe, Ganze Noten | Tonart: E-Dur

CD 83 — Tanz aus Mexiko

Einstiegstempo: ♩ = 72   Mittleres Tempo: ♩ = 152   Originaltempo: ♩ = 200

Das eingestrichene ais'

Im folgenden Lied *Jarabe tapatio*, dem *mexikanischen Hut Tanz*, steht vor dem a' ein ♯-Zeichen, wodurch es zum **ais'** wird. Dazu wird auf der *chromatischen Tastatur* oben die *rechts vom a'* liegende *rechte Taste der Dreiergruppe* angeschlagen. Du kennst diese Taste bereits vom Ton **b'** (*vgl. S. 46*). Erstmals kommt das ais' bei der dritten Viertelnote im zweiten Takt der ersten Zeile von *Jarabe tapatio* vor.

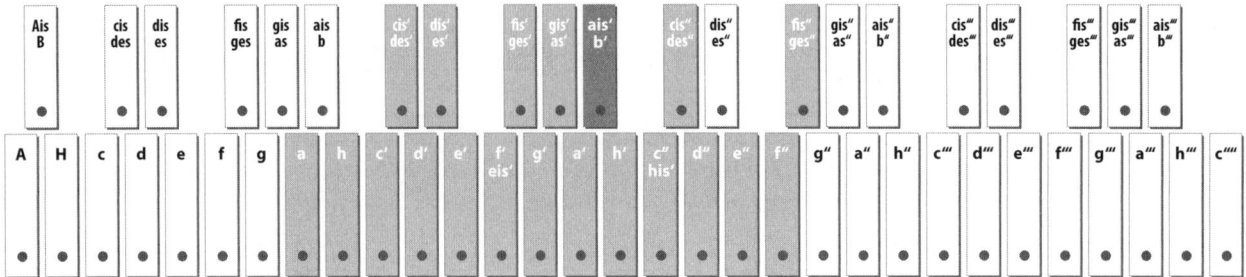

Das Auflösungszeichen

Soll ein Vor- oder Versetzungszeichen aufgehoben werden, verwendet man das **Auflösungszeichen**. Du findest es erstmals in der zweiten Zeile im dritten Takt vor der letzten Note von *Jarabe tapatio*. Aus dem vorangegangenen **fis'**, das durch das ♯-Vorzeichen am Anfang der Zeile bestimmt ist, wird hier ein **f'**. Es gilt jedoch nur für diesen Ton, da im darauffolgenden Takt wieder das ♯-Vorzeichen am Anfang der Zeile gilt.

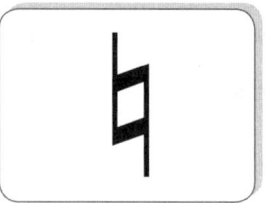

> *REGEL: Wie bei den Versetzungszeichen gilt auch das Auflösungszeichen nur bis zum Ende des Taktes. Danach gelten wieder die Vorzeichen der jeweils angegebenen Tonart.*

An Stellen, wo das Auflösungszeichen eigentlich unnötig ist, weil es sich durch ein vorangegangenes Taktende automatisch ergibt, habe ich es *in Klammern* gesetzt. Das gleiche gilt für die Vor- bzw. Versetzungszeichen in Klammern.

Kapitel 1: Viertel, Halbe, Ganze Noten | Auflösungszeichen

Jarabe tapatio (Mexican Hat Dance)

CD 84 — Tanz aus Mexiko

URKUNDE

für

_____

die/der das *Kapitel 1* von

GARANTIERT MARIMBA LERNEN

mit Erfolg

abgeschlossen hat.

Lehrer _____

Datum _____

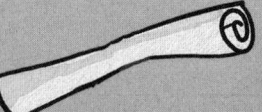

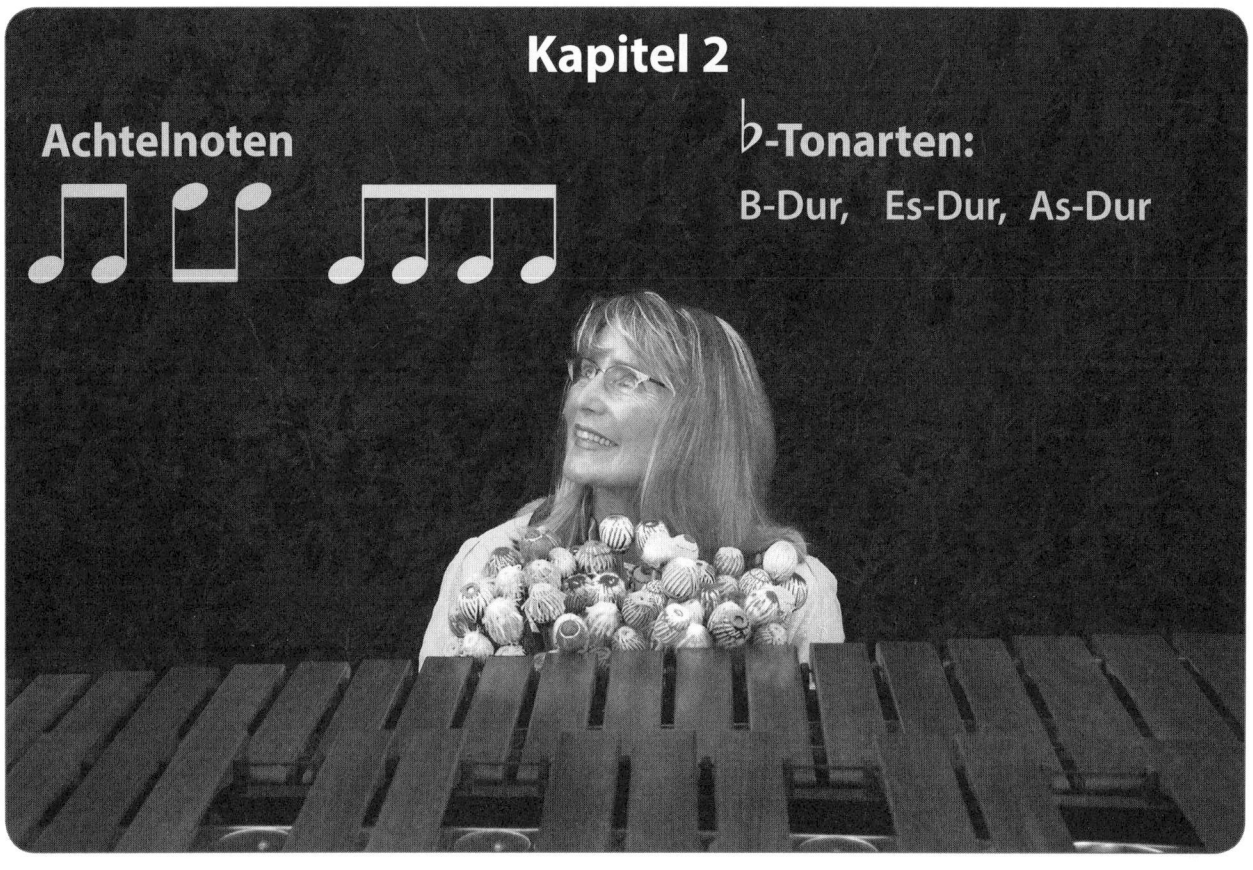

Achtelnoten

In *Kapitel 2* passiert mit den *Achtelnoten* rhythmisch etwas richtig Neues. Optisch ähneln die Achtelnoten den Viertelnoten mit ihrem schwarzen Notenkopf und schmalen Notenhals. Neu ist der Querbalken, der Achtelnoten zu *Zweier-* oder *Vierergruppen* zusammenfasst. *Zwei Achtelnoten* sind genau so lang wie eine Viertelnote. Jede Achtelnote wird also *doppelt so schnell* gespielt wie eine Viertelnote. In der Mathematik ist ein Achtel ja auch die Hälfte von einem Viertel.

Einzelne Achtelnoten haben anstatt eines Balkens ein *Fähnchen* rechts vom Notenhals.

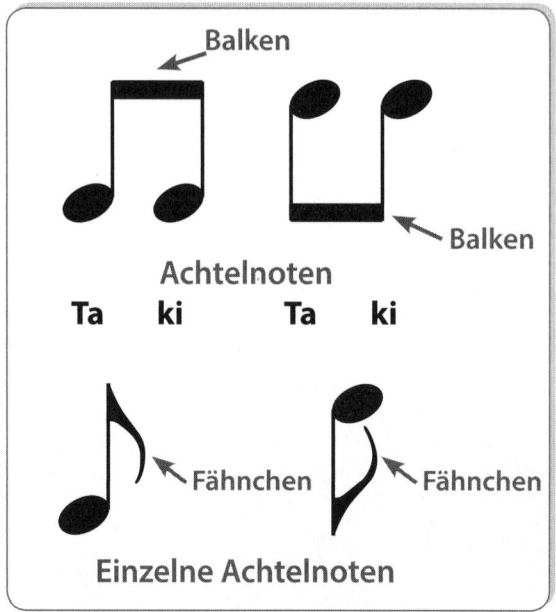

TIPP: *Höre dir jedes neu zu lernende Lied mehrfach auf der CD an, um das Gefühl für die doppelt so schnell zu spielenden Achtel zu verinnerlichen.*

In meiner Rhythmussprache nenne ich diese Achtelgruppe **Ta ki**.

Rhythmusübung

Es ist eine große Hilfe, immer mit einem *Metronom* zu üben, so dass sich mit der Zeit das Gefühl für die doppelt so schnellen Achtelnoten entwickelt. Und wenn es richtig gut funktioniert, macht es riesengroßen Spaß!

CD 85 — **Die Fröschelchen** — Volkslied

Kapitel 2: Achtelnoten | b-Tonarten

CD 86 — Auf unsrer Wiese gehet was
Volkslied
Text: Hoffmann v. Fallersleben (1798–1874)

Einstiegstempo: ♩ = 50   Mittleres Tempo: ♩ = 84   Originaltempo: ♩ = 120

CD 87 — Meine Mühle, die braucht Wind
Volkslied

Einstiegstempo: ♩ = 50   Mittleres Tempo: ♩ = 88   Originaltempo: ♩ = 132

CD 88 — Skip to my Lou
Tanz aus den U.S.A.

Einstiegstempo: ♩ = 50   Mittleres Tempo: ♩ = 92   Originaltempo: ♩ = 138

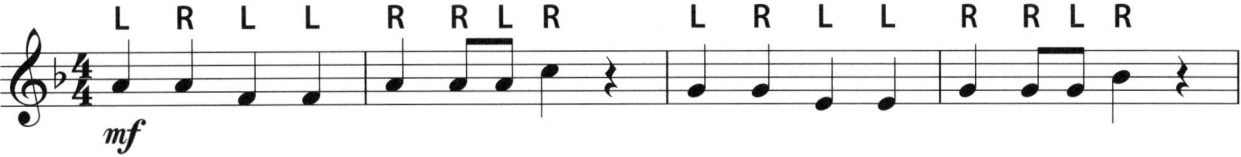

Im nächsten Lied erscheinen in der zweiten Zeile im letzten Takt erstmals *vier Achtelnoten* hintereinander *unter einem Balken*. Jetzt müssen alle vier Achtelnoten durchgehend im doppelten Tempo gespielt werden und heißen in meiner Rhythmussprache **Taki Taki**.

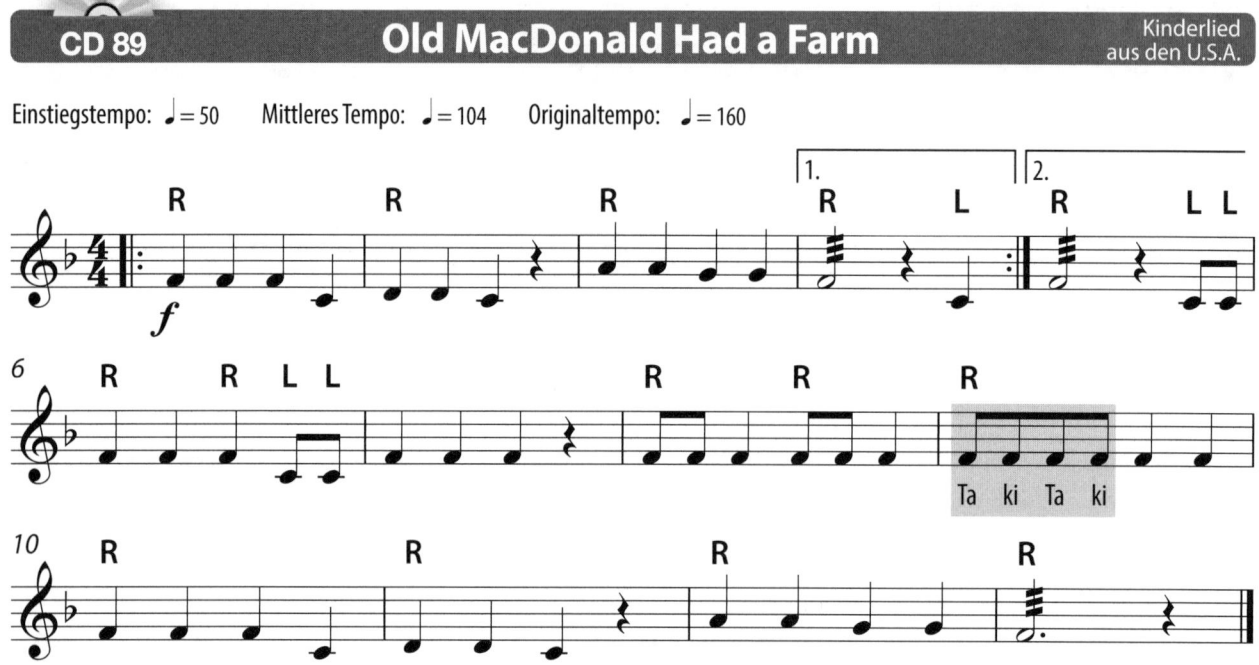

Zwei ♭-Vorzeichen

Die Tonart mit **zwei** ♭-Vorzeichen ist **B-Dur**. Das erste auf der *mittleren* Notenlinie ist dir bereits von der Tonart F-Dur bekannt (der Ton **h** wird zum **b**). Rechts daneben steht das zweite ♭-Vorzeichen im *vierten Zwischenraum*. Es erniedrigt das **e** zum **es**. Du schlägst *links* vom **e** in der oberen Tastenreihe die *rechte Taste der Zweiergruppe* an. Diese Taste kennst du bereits. Es ist dieselbe, welche du für das **dis** verwendest (*vgl. S. 65*).

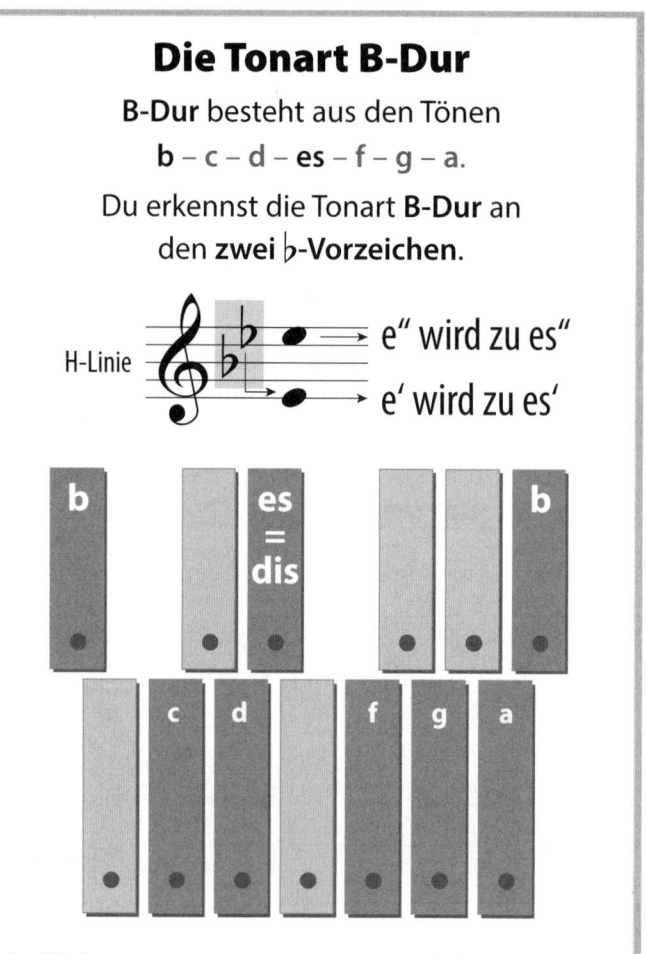

REGEL:
Auch ♭-Vorzeichen am Anfang der Notenzeilen verändern alle Töne im gesamten Musikstück, die mit dem gekennzeichneten Ton im Abstand von Oktaven stehen.

Kapitel 2: Achtelnoten | Tonart: B-Dur

Das kleine b und das eingestrichene es'

Im nächsten Lied *Bäuerlein, Bäuerlein tick tick tack* kommen erstmals das **kleine b** und das **eingestrichene es'** vor:

Beim **kleinen b** befindet sich der Notenkopf *unterhalb der 1. Hilfslinie*.
Die Taste vom **eingestrichenen es'** kennst du bereits vom **eingestrichenen dis'** (*vgl. S. 65*). Du findest **es'** in der ersten Zeile im letzten Takt auf der ersten Viertelnote.

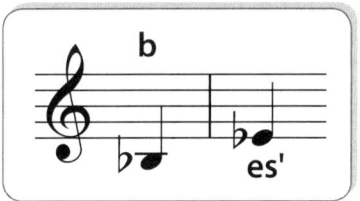

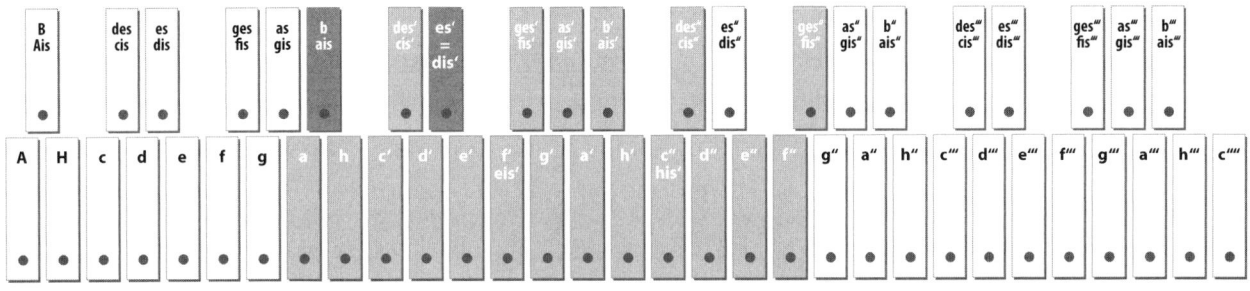

CD 90 — Bäuerlein, Bäuerlein tick tick tack

Musik: Anonym
Text: Friedrich W. Güll (1812–1879)

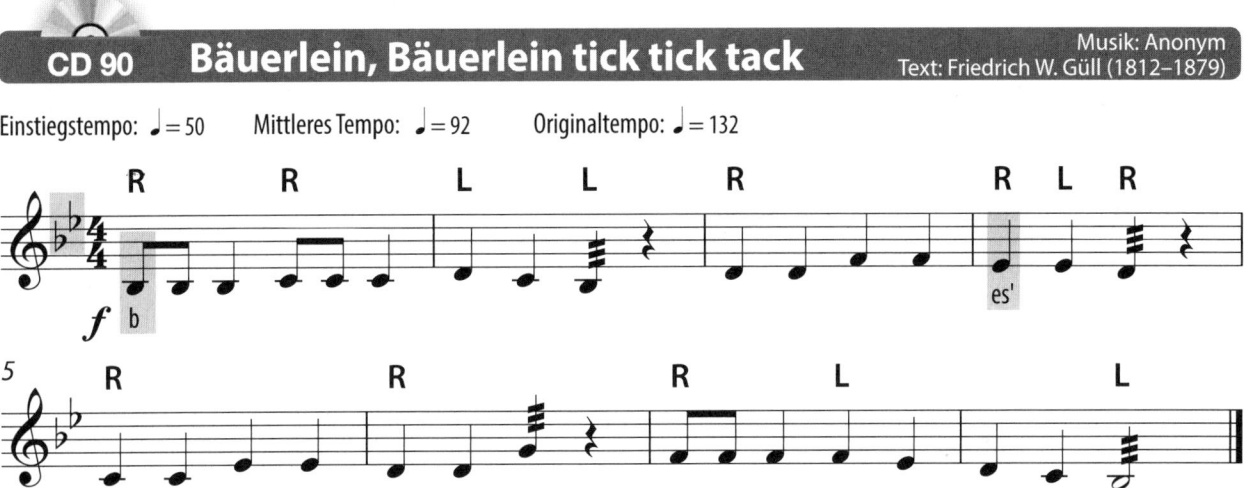

CD 91 — Little Brown Jug

Musik & Text: Joseph E. Winner (1837–1918)

Kapitel 2: Achtelnoten | Tonart: B-Dur

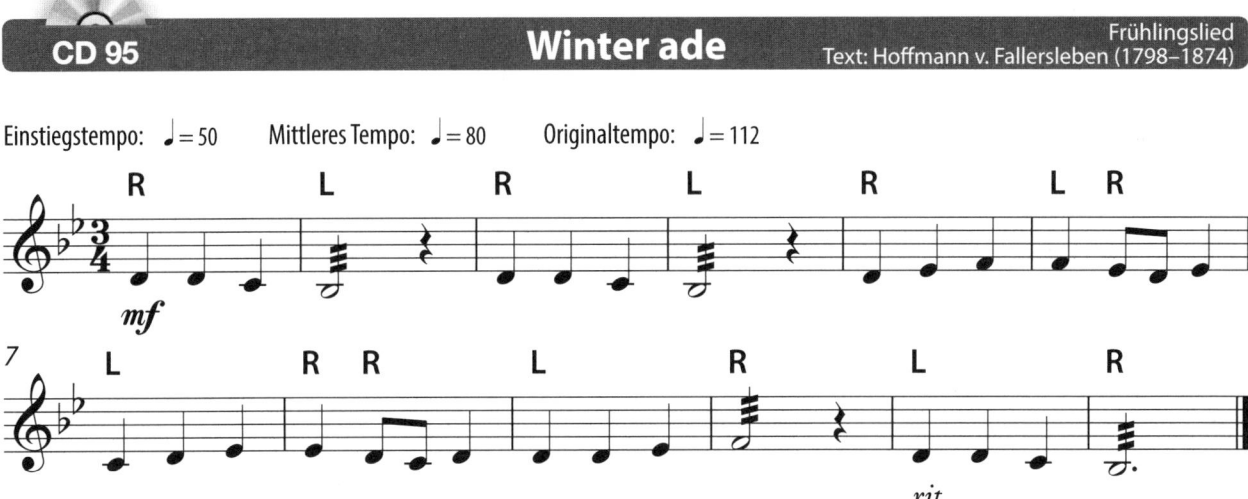

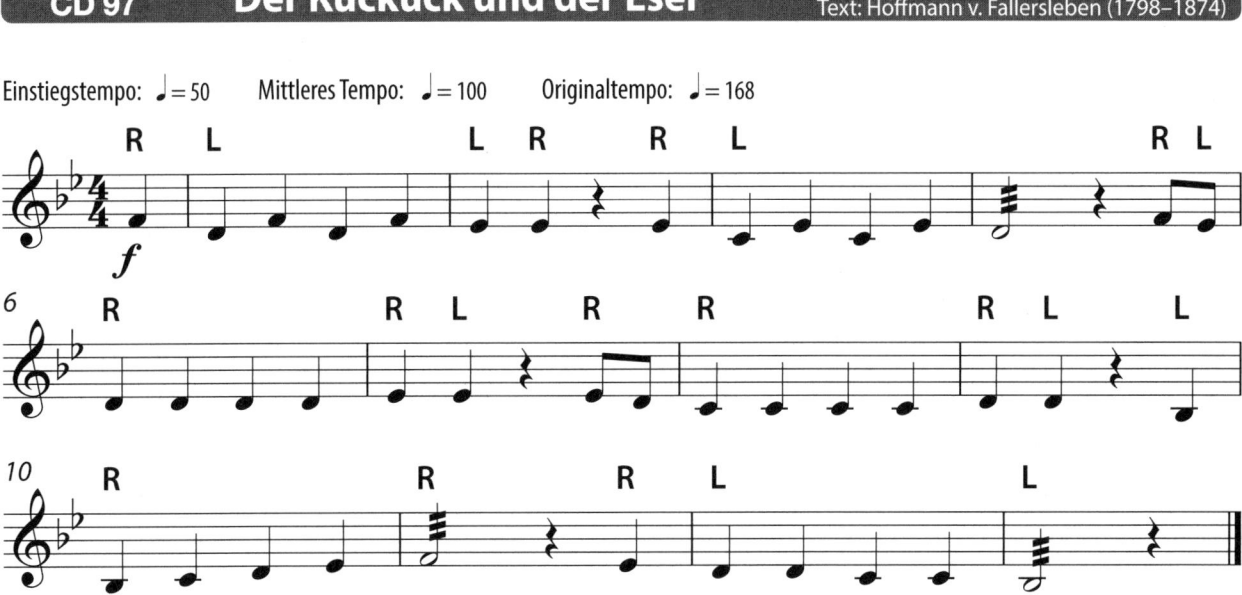

Kapitel 2: Achtelnoten | Tonart: B-Dur

CD 101 — El testament d'Amelia
Traditional aus Katalonien

Einstiegstempo: ♩ = 50   Mittleres Tempo: ♩ = 76   Originaltempo: ♩ = 104

CD 102 — Viel Glück und viel Segen
Geburtstagslied

Einstiegstempo: ♩ = 50   Mittleres Tempo: ♩ = 96   Originaltempo: ♩ = 144

CD 103 — Kling, Glöckchen, klingeling
Weihnachtslied aus dem 19. Jh.
Text: Karl Enslin (1814–1875)

Einstiegstempo: ♩ = 40   Mittleres Tempo: ♩ = 76   Originaltempo: ♩ = 112

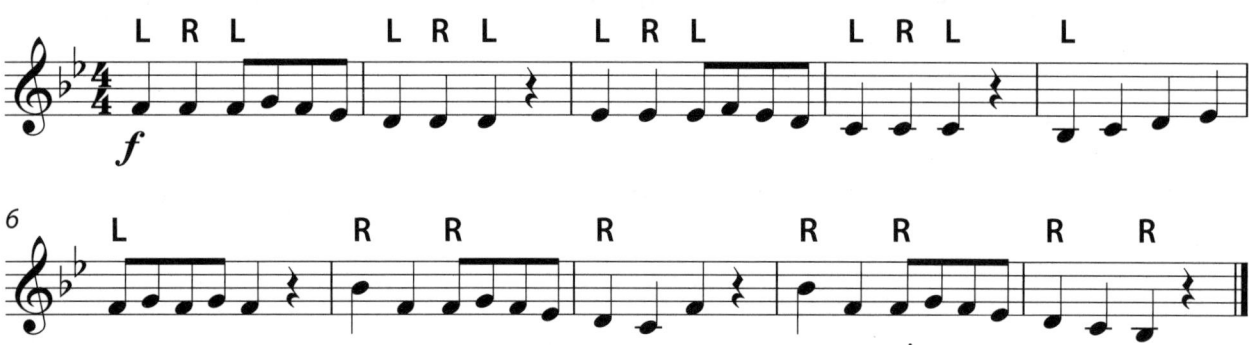

Das zweigestrichene es"

Im nächsten Lied kommt erstmals das **es"** in der zweiten Zeile im ersten Takt auf der zweiten Achtelnote vor.

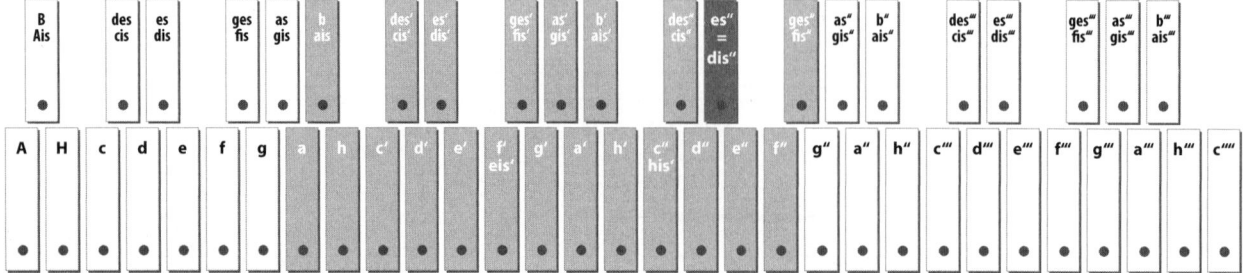

Kapitel 2: Achtelnoten | Tonart: B-Dur

CD 106 — We Wish You a Merry Christmas
Weihnachtslied aus England (16. Jh.)

Einstiegstempo: ♩ = 40   Mittleres Tempo: ♩ = 92   Originaltempo: ♩ = 144

CD 107 — Sakura
Traditional aus Japan

Einstiegstempo: ♩ = 50   Mittleres Tempo: ♩ = 80   Originaltempo: ♩ = 108

CD 108 — Kommt ein Vogel geflogen
Volkslied aus Niederösterreich

Einstiegstempo: ♩ = 50   Mittleres Tempo: ♩ = 84   Originaltempo: ♩ = 120

Seht die Mühle, wie sie geht
Tanzlied

Einstiegstempo: ♩ = 40   Mittleres Tempo: ♩ = 84   Originaltempo: ♩ = 132

Drei ♭-Vorzeichen

Die Tonart mit **drei** ♭-Vorzeichen ist **Es-Dur**. Zu den beiden bekannten ♭-Vorzeichen für das **b** und das **es** kommt jetzt das **as** dazu, bei dem das **a** um einen Halbton *erniedrigt* wird. Du schlägst *links* vom **a** in der oberen Tastenreihe die *mittlere Taste der Dreiergruppe* an. Du kennst diese Taste bereits. Es ist dieselbe wie beim **gis** (*vgl. S. 56*).

REGEL:
Auch ♭-Vorzeichen am Anfang der Notenzeilen verändern alle Töne im gesamten Musikstück, die mit dem gekennzeichneten Ton im Abstand von Oktaven stehen.

Die Tonart Es-Dur

Es-Dur besteht aus den Tönen
es – f – g – as – b – c – d.

Du erkennst die Tonart **Es-Dur** an den **drei** ♭-Vorzeichen.

Das **as** kommt erstmals im nächsten Lied *Grün, grün, grün sind alle meine Kleider* im ersten Takt der zweiten Zeile auf der dritten und vierten Viertelnote vor. Hier ist es das **eingestrichene as'**:

Kapitel 2: Achtelnoten | Tonart: Es-Dur

CD 110 — **Grün, grün, grün sind alle meine Kleider** — Volkslied (19. Jh.)

Am Anfang der ersten Zeile von *Tanz, Kindlein tanz* steht bei der Taktart eine „2" über der „4" der Taktangabe. Dies ist das Zeichen für den $\frac{2}{4}$-Takt. Wie schon beim $\frac{4}{4}$-, $\frac{3}{4}$- und $\frac{6}{4}$-Takt wird damit die Anzahl der Viertelnoten durch die obere Zahl festgelegt, so dass hier in jedem Takt jetzt immer zwei Viertel vorkommen.

Der $\frac{2}{4}$-Takt

$\frac{2}{4}$ Ein Takt enthält **zwei** Schläge
Ein Schlag = eine **Viertelnote**

CD 111 — **Tanz, Kindlein tanz** — Tanzlied aus: *Des Knaben Wunderhorn (1808)*

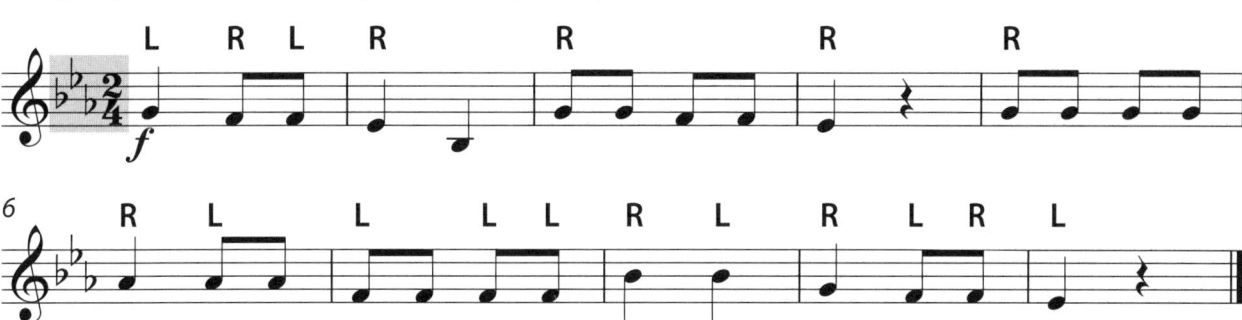

CD 112 — **Aura Lee** — Traditional aus den U.S.A.

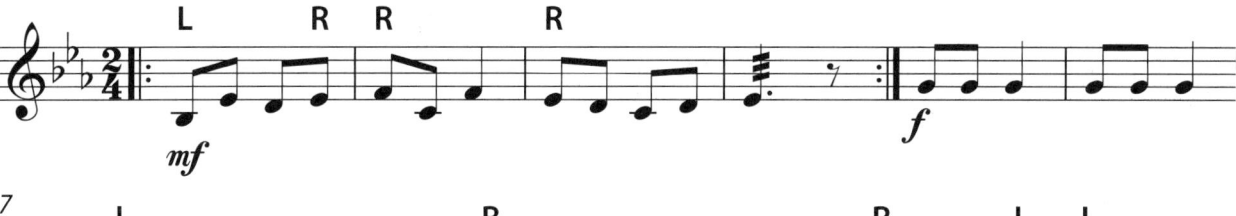

Und ein Lied im 2/4-Takt in **B-Dur**.

CD 113 — Die Leineweber haben eine saubre Zunft
Volkslied (18. Jh.)

Einstiegstempo: ♩ = 40   Mittleres Tempo: ♩ = 84   Originaltempo: ♩ = 120

Und wieder **Es-Dur** im 4/4-Takt.

CD 114 — Der Winter ist vergangen
Frühlingslied aus den Niederlanden

Einstiegstempo: ♩ = 50   Mittleres Tempo: ♩ = 84   Originaltempo: ♩ = 112

Kapitel 2: Achtelnoten | Tonart: Es-Dur

Das kleine as

Im nächsten Lied kommt erstmals das **kleine as** in der zweiten Zeile im zweiten Takt auf der zweiten Viertelnote vor. Angeschlagen wird dazu in der oberen Reihe die *mittlere Taste* der Dreiergruppe *links* vom **kleinen a**.

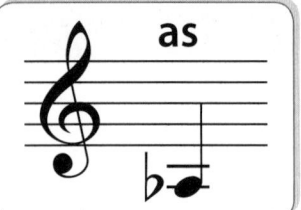

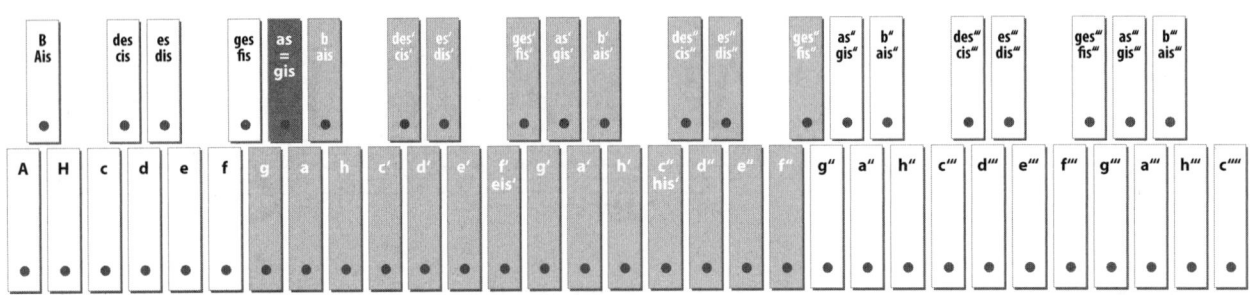

The Ash Grove

CD 118 — Traditional aus Wales

Einstiegstempo: ♩ = 40   Mittleres Tempo: ♩ = 80   Originaltempo: ♩ = 120

Kapitel 2: Achtelnoten | Tonart: Es-Dur

Hopp, hopp, hopp

Musik: C. F. Hering (1766–1853)
Text: Karl Hahn (1778-1854)

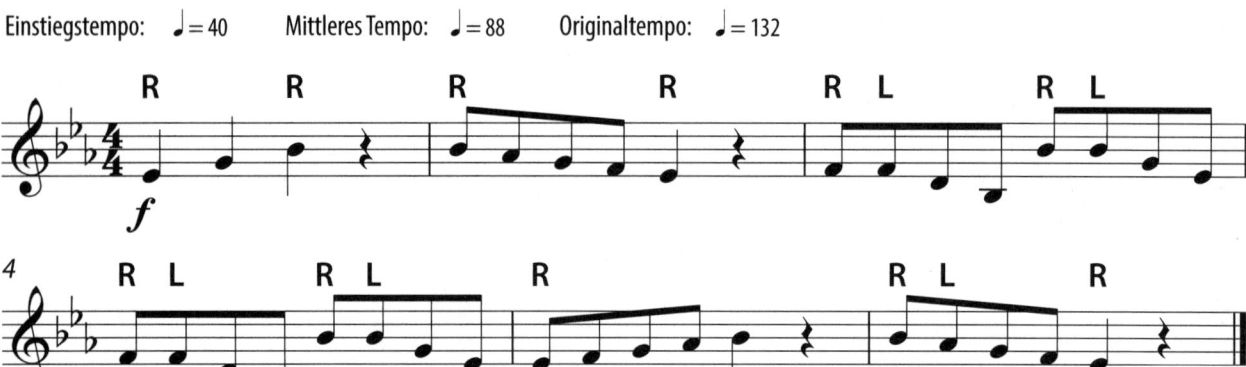

Das kleine g

Im nächsten Lied kommt erstmals das **kleine g** *unterhalb* des **kleinen a** dazu. Notiert wird es unter dem Notensystem *unter der zweiten Hilfslinie* und der Notenhals zeigt nach oben. Das **kleine g** kommt erstmals im vierten Takt der dritten Zeile auf dem zweiten Viertel vor.

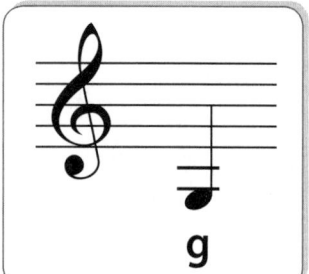

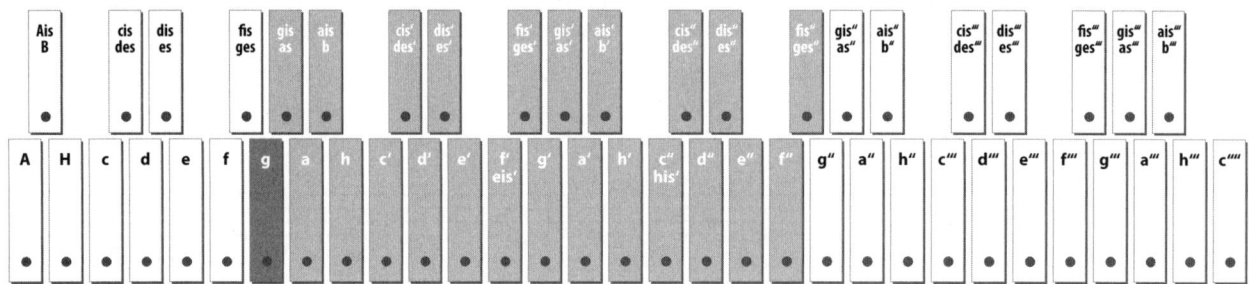

Ma come bali bela bimba

Traditional
aus Venetien (Italien)

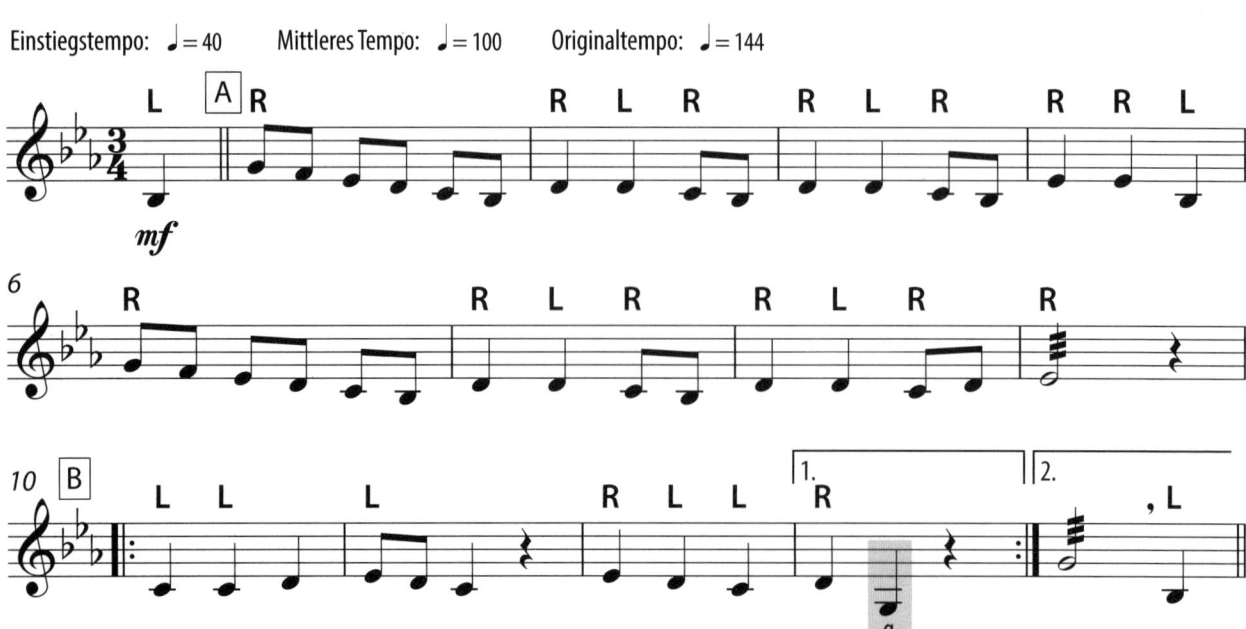

Kapitel 2: Achtelnoten | Tonart: Es-Dur

Put Your Little Foot
CD 124 — Folk Song aus den U.S.A.

Einstiegstempo: ♩ = 40   Mittleres Tempo: ♩ = 80   Originaltempo: ♩ = 112

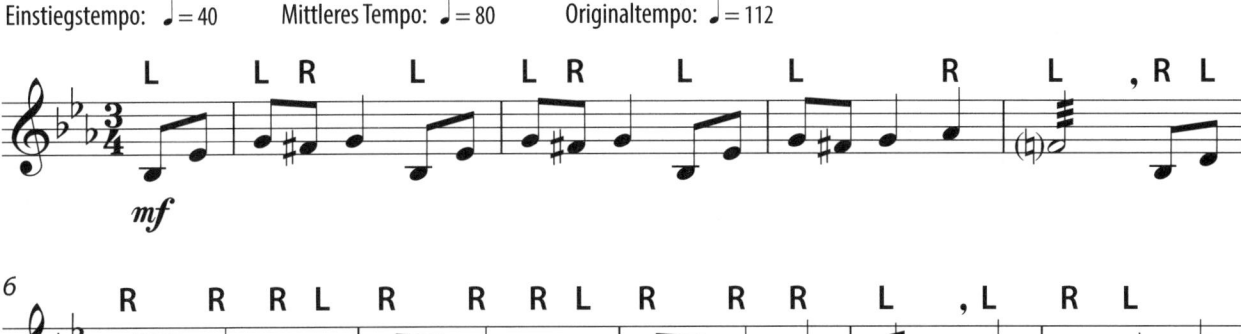

Pick a Bale of Cotton
CD 125 — Traditional Worksong aus den U.S.A.

Einstiegstempo: ♩ = 40   Mittleres Tempo: ♩ = 80   Originaltempo: ♩ = 112

Taktwechsel

Im nächsten Lied kommt erstmals ein Taktwechsel zwischen 3/4-Takt und 2/4-Takt vor. Solche Taktwechsel findet man häufig in Volksliedern aller Regionen. Sie bringen weitere rhythmische Energie.

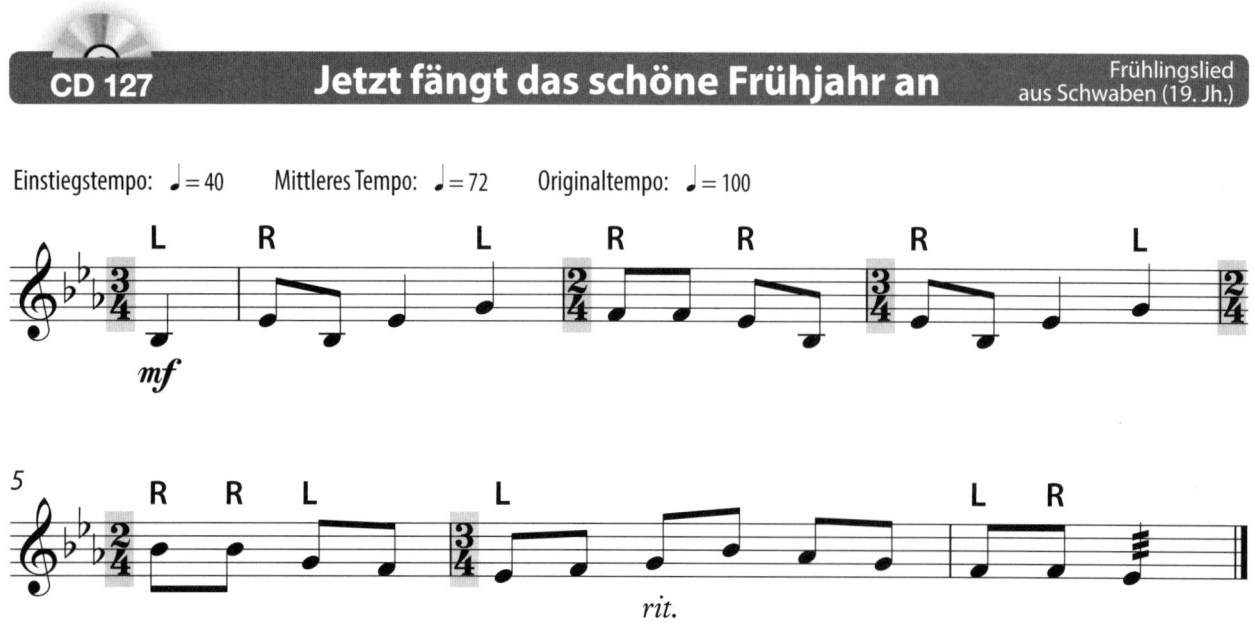

Kapitel 2: Achtelnoten | Tonart: Es-Dur

CD 128 — Eins, zwei, drei, vier, fünf, sechs, sieben
Kinderlied aus Niederösterreich

Einstiegstempo: ♩ = 40   Mittleres Tempo: ♩ = 66   Originaltempo: ♩ = 96

CD 129 — Wenn die Bettelleute tanzen
Tanzlied aus Schlesien (19. Jh.)

Einstiegstempo: ♩ = 40   Mittleres Tempo: ♩ = 84   Originaltempo: ♩ = 126

CD 130 — Harfenklänge, Himmelstöne
Traditional aus Slowenien

Einstiegstempo: ♩ = 40   Mittleres Tempo: ♩ = 63   Originaltempo: ♩ = 84

Vier ♭-Vorzeichen

Die Tonart mit **vier** ♭-Vorzeichen ist **As-Dur**. Zu den drei bekannten ♭-Vorzeichen für das **b, es** und **as** kommt jetzt das **des** dazu, bei dem das **d** um einen Halbton *erniedrigt* wird. Du schlägst *links* vom **d** in der oberen chromatischen Tastenreihe die *linke Taste der Zweiergruppe* an. Du kennst diese Taste bereits. Es ist dieselbe, welche für das **cis** *(vgl. S. 29)* verwendet wird.

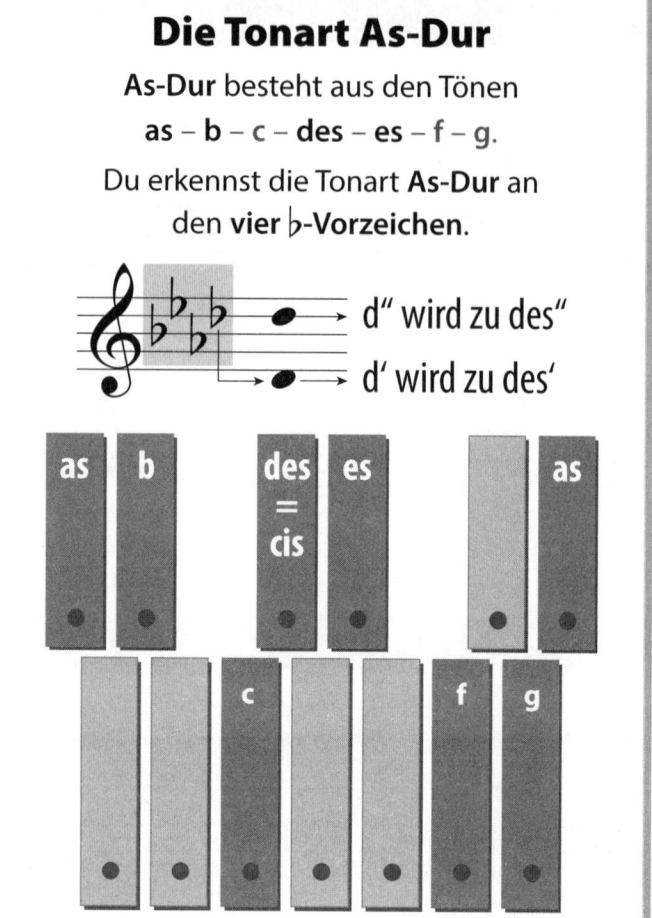

Die Tonart As-Dur

As-Dur besteht aus den Tönen
as – b – c – des – es – f – g.

Du erkennst die Tonart **As-Dur** an den **vier** ♭-Vorzeichen.

d″ wird zu des″
d′ wird zu des′

REGEL:

Auch ♭-Vorzeichen am Anfang der Notenzeilen verändern alle Töne im gesamten Musikstück, die mit dem gekennzeichneten Ton im Abstand von Oktaven stehen.

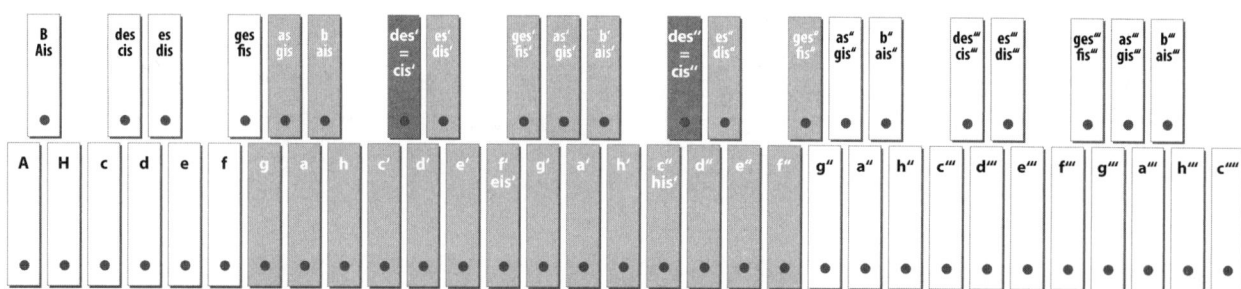

Das **des′** kommt erstmals im *dritten Takt* der ersten Zeile auf der ersten Viertelnote im folgenden Lied *Kindlein mein, schlaf doch ein* vor. **Achtung!** Hier wechselt die Taktart zwischen 4/4 und 3/4.

CD 131 — Kindlein mein, schlaf doch ein
Wiegenlied aus Deutschland

Einstiegstempo: ♩ = 40   Mittleres Tempo: ♩ = 63   Originaltempo: ♩ = 88

Kapitel 2: Achtelnoten | Tonart: As-Dur

CD 132 — Red River Valley
Traditional Folk Song aus den U.S.A.

Einstiegstempo: ♩=40   Mittleres Tempo: ♩=76   Originaltempo: ♩=108

CD 133 — Laterne, Laterne
Martinslied

Einstiegstempo: ♩=50   Mittleres Tempo: ♩=84   Originaltempo: ♩=120

CD 134 — Drei Chinesen mit dem Kontrabass
Spaßlied

Einstiegstempo: ♩=50   Mittleres Tempo: ♩=96   Originaltempo: ♩=144

CD 135 — Hejo, spann den Wagen an
Volkslied (19. Jh.)

Einstiegstempo: ♩=40 Mittleres Tempo: ♩=92 Originaltempo: ♩=138

CD 136 — Häslein in der Grube
Kinderlied
Text: Friedrich Fröbel (1782–1852)

Einstiegstempo: ♩=40 Mittleres Tempo: ♩=80 Originaltempo: ♩=116

CD 137 — Auf der Mauer, auf der Lauer
Kinderlied

Einstiegstempo: ♩=40 Mittleres Tempo: ♩=76 Originaltempo: ♩=104

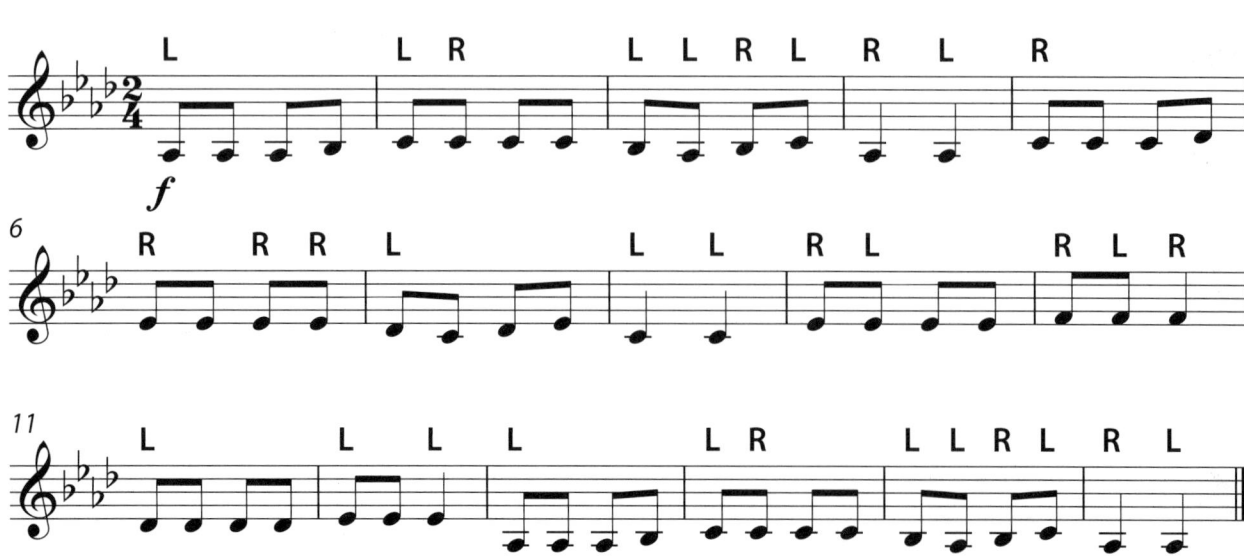

CD 140 — Limu limu lima
Traditional aus Schweden

CD 141 — Fuchs, du hast die Gans gestohlen
Kinderlied — Text: Ernst Anschütz (1780–1861)

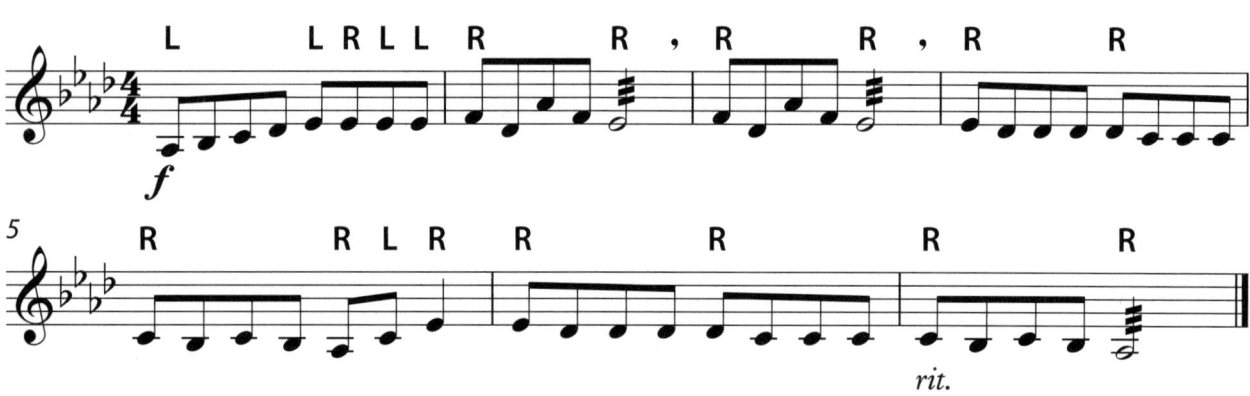

CD 142 — Vögel singen, Blumen blühen
Musik: Friedrich E. Fesca (1789–1826) — Text: Hoffmann v. Fallersleben (1798–1874)

Kapitel 2: Achtelnoten | Tonart: As-Dur

CD 143 — Weißt du, wie viel Sternlein stehen
Abendlied
Text: Wilhelm Hey (1789–1854)

Einstiegstempo: ♩ = 40   Mittleres Tempo: ♩ = 63   Originaltempo: ♩ = 88

CD 144 — If You're Happy and You Know It
Kinderlied
aus den U.S.A.

Einstiegstempo: ♩ = 40   Mittleres Tempo: ♩ = 84   Originaltempo: ♩ = 120

CD 145 — Hab' ne Tante aus Marokko

Traditional aus den U.S.A.
Dt. Text: Traditional

Einstiegstempo: ♩= 40   Mittleres Tempo: ♩= 72   Originaltempo: ♩= 104

CD 146 — Horch, was kommt von draußen rein

Volkslied (19. Jh.)

Einstiegstempo: ♩= 40   Mittleres Tempo: ♩= 69   Originaltempo: ♩= 96

Kapitel 2: Achtelnoten | Tonart: As-Dur

Bona nox! Bist a rechta Ox

CD 147

Musik & Text: Wolfgang A. Mozart (1756–1791)

Einstiegstempo: ♩ = 40   Mittleres Tempo: ♩ = 96   Originaltempo: ♩ = 138

URKUNDE

für

_____

die/der das *Kapitel 2* von

GARANTIERT MARIMBA LERNEN

mit Erfolg

abgeschlossen hat.

Lehrer _____

Datum _____

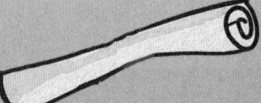

Die Achtelpause

Die *Achtelpause*, eine neue Pause, ist genauso lang wie eine *Achtelnote*. Diese Achtelpause sieht wie eine *kleine Fahne* aus. Rechts daneben ist eine einzelne Achtelnote mit einem Fähnchen am Notenhals notiert (*vgl. S. 72*). Das Fähnchen an einer einzelnen Achtelnote ist notwendig, da einer einzelnen Achtelnote keine weitere Achtelnote für eine Balkenverbindung zur Verfügung steht.

In meiner Rhythmussprache heißt diese Achtelpause mit folgender Einzel-Achtelnote **n ki**.

Hilfreich ist, die Achtelpause als Luftschlag, d. h. ohne die Taste zu berühren, auszuführen, um das Gefühl für den rhythmischen Fluss zu entwickeln.

Rhythmusübung

TIPP: Höre dir zuerst das neue Lied auf der CD an, um mit der noch ungewohnten Achtelpause vertraut zu werden. Auch wenn es noch zu schnell ist für den Anfang, du bekommst dadurch allmählich das richtige Gefühl für die Achtelpausenfigur, versprochen!

Gleich am Anfang des folgenden Liedes steht die *Achtelpause*.

Zusammen mit der darauffolgenden *Achtelnote* bildet sie einen Auftakt.

CD 148 — Ein Schneider fing ne Maus
Kinderlied (Anfang 19. Jh.)

Einstiegstempo: ♩ = 50   Mittleres Tempo: ♩ = 80   Originaltempo: ♩ = 100

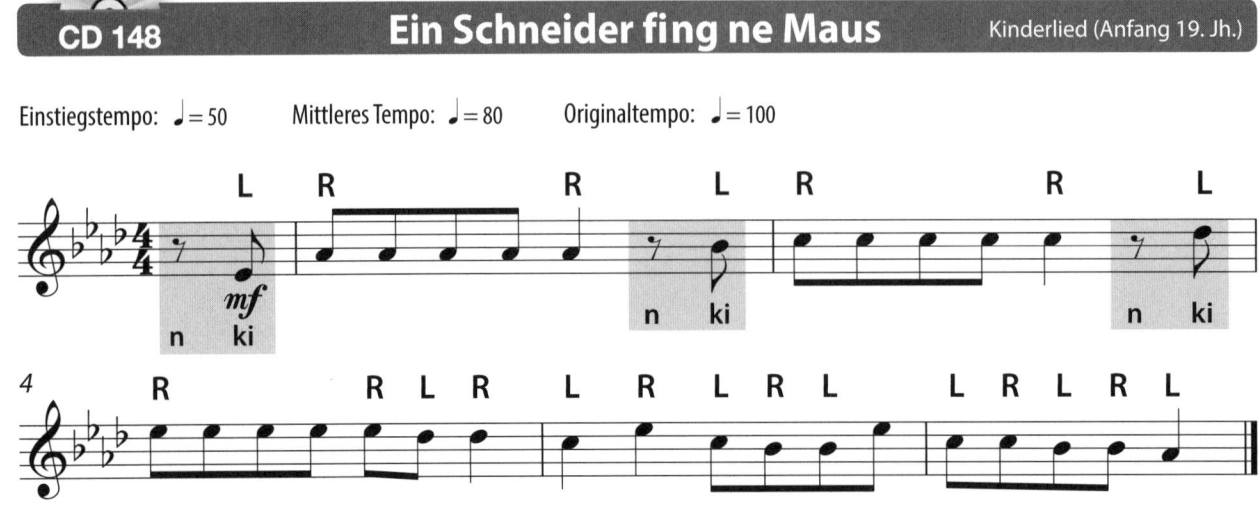

Kapitel 3: Achtelpause | Punktierte Viertelnote

CD 149 — **Es geht eine Zipfelmütze** — Kinderlied

Die Fermate

Die *Fermate* [*Ital.: Haltestelle*] ist ein *Ruhezeichen* bzw. *Aushaltezeichen* in der Musik. Sie kann über einem Ton oder über einer Pause stehen und wird länger ausgehalten als der Notenwert angibt. Üblich ist, den Ton mit einer Fermate mindestens doppelt so lange auszuhalten, wie der urspüngliche Notenwert angibt. Im nächsten Lied findest du im letzten Takt eine *Halbe Note mit Fermate*, die mindestens so lange wie eine *Ganze Note* ausgehalten werden sollte.

CD 150 — **Oh heppo di taja he** — Bewegungslied

CD 151 — Trarira, der Sommer, der ist da
Musik: L. Erk (1807–1883)
Text: Anonym

Einstiegstempo: ♩ = 50 Mittleres Tempo: ♩ = 84 Originaltempo: ♩ = 120

CD 152 — Am Weihnachtsbaume die Lichter brennen
Weihnachtslied
Text: H. Kletke (1813–1886)

Einstiegstempo: ♩ = 40 Mittleres Tempo: ♩ = 63 Originaltempo: ♩ = 88

2.x rit. ← Nur bei der Wiederholung langsamer werden.

CD 153 — Kein schöner Land in dieser Zeit
Abendlied
Text: A. W. F. von Zuccalmaglio (1803–1869)

Einstiegstempo: ♩ = 40 Mittleres Tempo: ♩ = 76 Originaltempo: ♩ = 112

Kapitel 3: Achtelpause | Punktierte Viertelnote

Die punktierte Viertelnote mit anschließender Achtelnote

Wie bereits bei der *punktierten Halben Note* (*vgl. S. 26*) gilt auch hier, der **Punkt** *verlängert die Viertelnote um die Hälfte ihres Wertes*. Dadurch wird die Viertel um ein Achtel länger und die punktierte Viertelnote nimmt ergo die Zeit von drei Achtelnoten ein. Danach folgt eine einzelne Achtelnote mit einem Fähnchen.

In meiner Rhythmussprache nenne ich diese beiden Noten zusammen **Ta‿a ki**. Hilfreich ist, sich unter die jeweiligen Noten die Silben der Rhythmussprache zu schreiben.

Rhythmusübung

REGEL: Der Punkt neben einer Note verlängert diese um die Hälfte ihres Wertes, also:
1 Schlag (Viertelnote) + ½ Schlag (Punkt) = 1 ½ Viertelschläge = 3 Achtel

CD 154 — **Auf der schwäbsche Eisebahne** — Volkslied aus Württemberg

Einstiegstempo: ♩ = 72   Mittleres Tempo: ♩ = 132   Originaltempo: ♩ = 184

Das kleine f bzw. fis

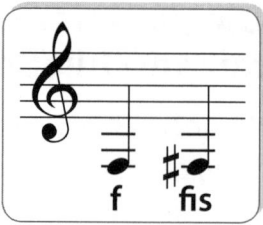

Im nächsten Lied kommt erstmals das **kleine f** *unterhalb* des **kleinen g** dazu. Notiert wird es auf der *dritten Hilfslinie unter* dem Notensystem und der Notenhals zeigt nach oben. Da das Lied in **D-Dur** steht, wird das kleine f durch das Kreuz zu einem **kleinen fis** erhöht, das erstmals in der dritten Zeile im zweiten Takt auf der ersten Zählzeit vorkommt.

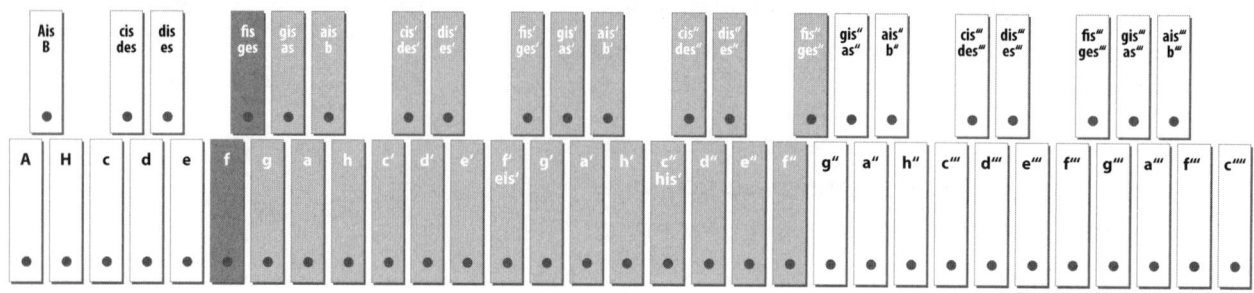

Kapitel 3: Achtelpause | Punktierte Viertelnote

Schön ist ein Zylinderhut
CD 157 — Volkslied

Einstiegstempo: ♩ = 76   Mittleres Tempo: ♩ = 126   Originaltempo: ♩ = 176

The Scolding Wife
CD 158 — Folk Song aus Irland

Einstiegstempo: ♩ = 72   Mittleres Tempo: ♩ = 126   Originaltempo: ♩ = 184

Kapitel 3: Achtelpause | Punktierte Viertelnote

CD 162 — Widele, wedele, hinterm Städele
Volkslied aus Schwaben
aus: Des Knaben Wunderhorn (1808)

Einstiegstempo: ♩ = 72 Mittleres Tempo: ♩ = 132 Originaltempo: ♩ = 184

CD 163 — Heut ist ein freudenreicher Tag
Volkslied

Einstiegstempo: ♩ = 72 Mittleres Tempo: ♩ = 126 Originaltempo: ♩ = 176

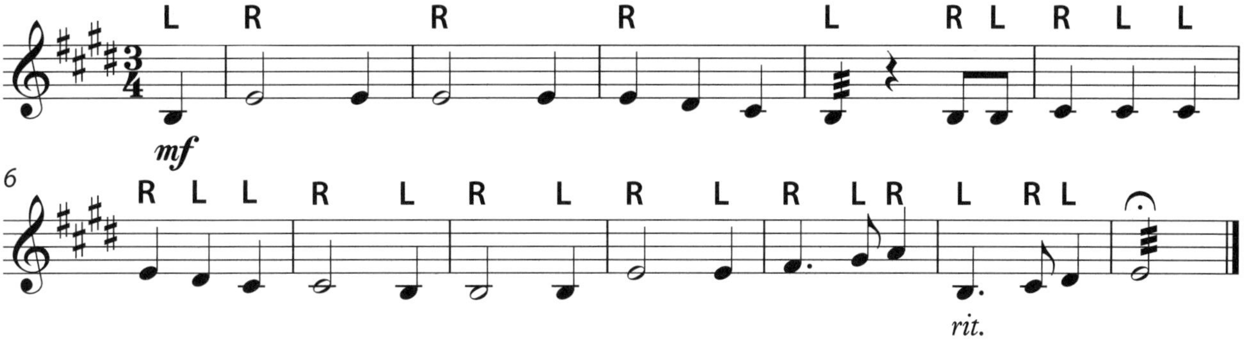

Kapitel 3: Achtelpause | Punktierte Viertelnote 111

CD 167 — **Jingle Bells** — Musik & Text: James Lord Pierpont (1822–1893)

I'll Tell Me Ma (The Wind)

CD 168 — Kinderlied aus Irland

Einstiegstempo: ♩=72   Mittleres Tempo: ♩=126   Originaltempo: ♩=176

Oh Susanna

CD 169 — Minstrel Song
Musik & Text: Stephen C. Foster (1826–1864)

Einstiegstempo: ♩=60   Mittleres Tempo: ♩=112   Originaltempo: ♩=160

Kapitel 3: Achtelpause | Punktierte Viertelnote

CD 172 — Ein Mann, der sich Kolumbus nannt
Spaßlied

Einstiegstempo: ♩ = 69   Mittleres Tempo: ♩ = 120   Originaltempo: ♩ = 168

CD 173 — Blue Tail Fly (Jimmy Crack Corn)
Traditional Folk Song aus den U.S.A.

Einstiegstempo: ♩ = 60   Mittleres Tempo: ♩ = 100   Originaltempo: ♩ = 144

Kapitel 3: Achtelpause | Punktierte Viertelnote

CD 174 — Ich bin der Doktor Eisenbart
Volkslied

Einstiegstempo: ♩=72   Mittleres Tempo: ♩=126   Originaltempo: ♩=176

rit.

CD 175 — Heißa Kathreinerle
Volkslied aus dem Alpenland

Einstiegstempo: ♩=69   Mittleres Tempo: ♩=120   Originaltempo: ♩=168

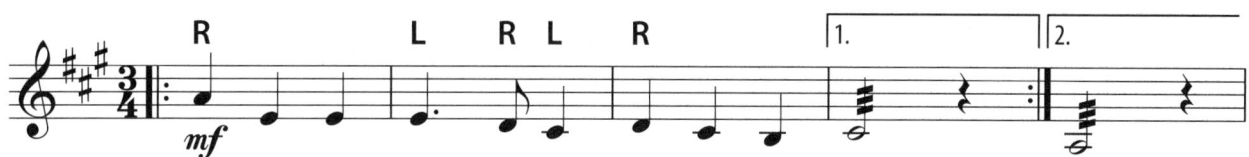

Kapitel 3: Achtelpause | Punktierte Viertelnote 117

CD 177 — **Fröhliche Weihnacht überall** — Weihnachtslied aus England

Einstiegstempo: ♩=60   Mittleres Tempo: ♩=104   Originaltempo: ♩=132

CD 178 — **Die Tiroler sind lustig** — Musik: Wenzel Müller (1767–1835) Text: Emanuel Schikaneder (1748–1812)

Einstiegstempo: ♩=60   Mittleres Tempo: ♩=100   Originaltempo: ♩=144

Kapitel 3: Achtelpause | Punktierte Viertelnote

Das Tremolo auf der punktierten Viertel

Das *Tremolo* ermöglicht an der Marimba, längere Töne auszuhalten, wobei es vom Grundtempo eines Liedes abhängig ist, welche Töne letztendlich tremoliert werden. Es empfiehlt sich, *bei langsamerer Musik* wie in den folgenden Liedern ebenfalls die punktierten Viertelnoten mit Hilfe des Tremolos auszuhalten, da es musikalisch schöner klingt!

Im folgenden sehr bekannten Lied aus der *9. Symphonie* von Beethoven kommt erstmals das **kleine f** in der zweiten Zeile im vierten Takt auf der Drei vor.

Kapitel 3: Achtelpause | Punktierte Viertelnote

Oh My Darling Clementine
CD 186 — Traditional aus den U.S.A.

Einstiegstempo: ♩ = 50   Mittleres Tempo: ♩ = 76   Originaltempo: ♩ = 100

Horch, es singt der Glocke Ton
CD 187 — Feierabend-Kanon (19. Jh.)

Einstiegstempo: ♩ = 50   Mittleres Tempo: ♩ = 72   Originaltempo: ♩ = 92

Schlafe, Kindelein
CD 188 — Wiegenlied aus Kroatien

Einstiegstempo: ♩ = 60   Mittleres Tempo: ♩ = 80   Originaltempo: ♩ = 104

rit.

Les anges dans nos campagnes

Weihnachtslied aus Frankreich

CD 189

Einstiegstempo: ♩ = 56   Mittleres Tempo: ♩ = 92   Originaltempo: ♩ = 126

Süßer die Glocken nie klingen

Weihnachtslied aus Thüringen
Text: F. W. Kritzinger (1816–1890)

CD 190

Einstiegstempo: ♩ = 60   Mittleres Tempo: ♩ = 84   Originaltempo: ♩ = 108

Kapitel 3: Achtelpause | Punktierte Viertelnote

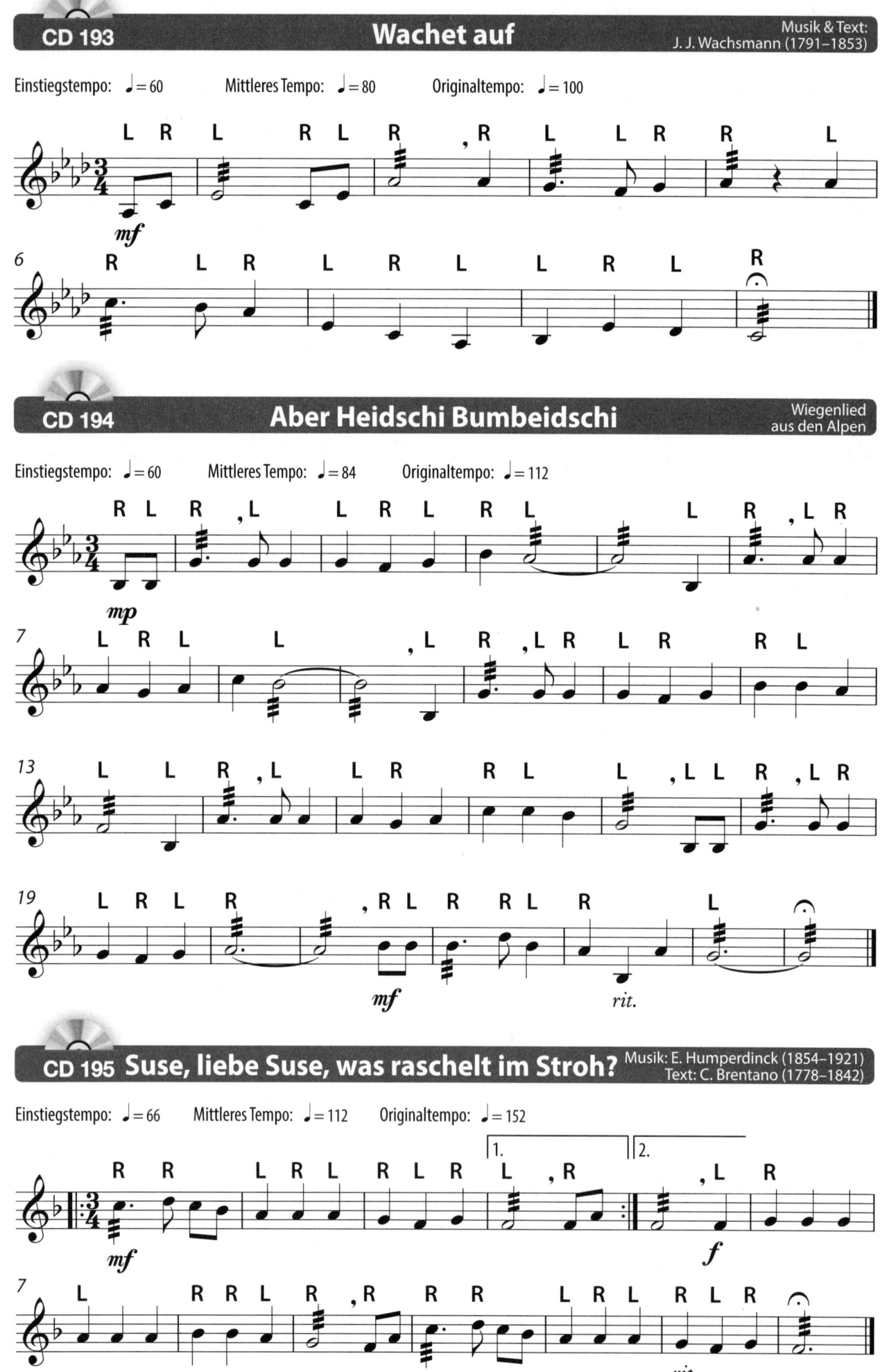

Kapitel 3: Achtelpause | Punktierte Viertelnote

CD 198 — Tritt in den Kreis, meine Rosa
Volkslied aus Schleswig

Einstiegstempo: ♩=50   Mittleres Tempo: ♩=76   Originaltempo: ♩=104

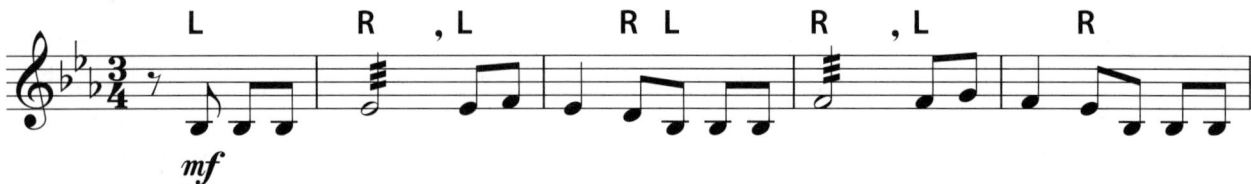

CD 199 — Dixie (Dixie's Land)
Musik & Text: D. D. Emmett (1815–1904)

Einstiegstempo: ♩=60   Mittleres Tempo: ♩=112   Originaltempo: ♩=152

Kapitel 3: Achtelpause | Punktierte Viertelnote

Santa Lucia
Volkslied aus Neapel

CD 200

Einstiegstempo: ♩=50 Mittleres Tempo: ♩=76 Originaltempo: ♩=100

Als wir jüngst in Regensburg waren
Volkslied aus Bayern

CD 201

Einstiegstempo: ♩=63 Mittleres Tempo: ♩=100 Originaltempo: ♩=132

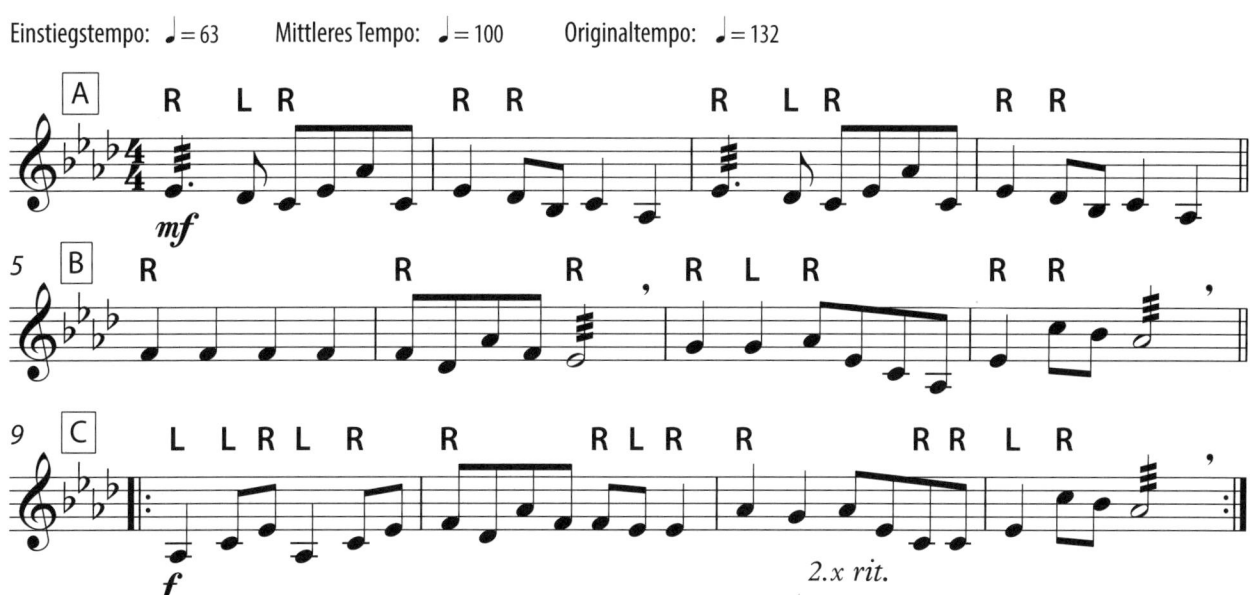

CD 202 — Das Wandern ist des Müllers Lust

Musik: C. F. Zöllner (1800–1860)
Text: J. L. W. Müller (1794–1827)

Einstiegstempo: ♩ = 56   Mittleres Tempo: ♩ = 88   Originaltempo: ♩ = 126

die/der das *Kapitel 3* von

GARANTIERT MARIMBA LERNEN

mit Erfolg

abgeschlossen hat.

Lehrer _____

Datum _____

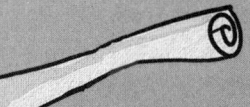

Die Achtelsynkope

Die *Achtelsynkope* [griech.: *syn* = zugleich und *kope* = Schlag] ist eine neue rhythmische Herausforderung. Sie verschiebt die Betonung von den in der Regel *betonten Zählzeiten* (1, 2, 3, 4) auf die üblicherweise *unbetonten Zählzeiten*, entsteht also immer dann, wenn die Betonung *zwischen* die normalerweise betonten Zählzeiten fällt.

Am Beispiel der nebenstehenden Synkopenfigur, die aus einer Achtelnote, einer Viertelnote und einer weiteren Achtelnote besteht, kann man das gut erkennen. Die Viertelnote folgt auf dem zweiten Achtel und entspricht der Dauer von zwei

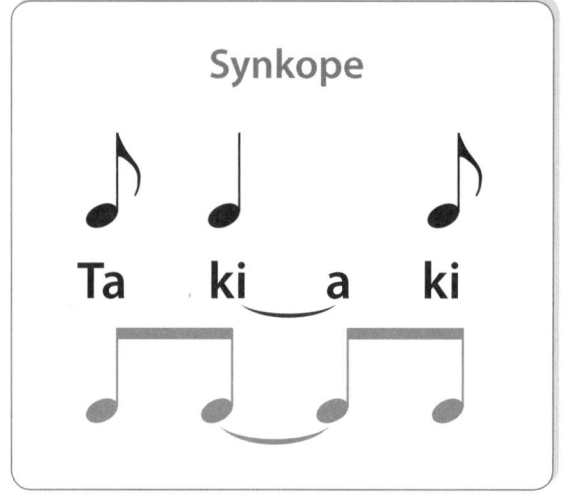

übergebundenen Achtelnoten. Damit wird sie über das erste Achtel des betonten Hauptschlags („Zwei") ausgehalten. In meiner Rhythmussprache ergibt sich an dieser Position **ki‿a** und für die vollständige Synkopenfigur mit den drei Noten **Ta ki‿a ki**.

Die Achtelsynkope ist besonders für uns Europäer rhythmisch komplex, da sie in der traditionellen europäischen Musik seltener angewendet wird. In der amerikanischen Musik kommt sie dagegen häufiger vor. Sie ist stark durch die Afro-Amerikaner geprägt, die ihre komplexen afrikanischen Rhythmen in Blues-, Jazz- und Popmusik eingebracht haben. In der lateinamerikanischen Musik von Rumba über Samba bis Salsa ist die Achtelsynkope eine elementar wichtige rhythmische Komponente in allen Melodien und macht diese Musik besonders schwungvoll. Natürlich gibt es auch bei uns in Europa Lieder mit Achtelsynkopen wie das folgende Wanderlied, bei dem die Achtelsynkope bereits auf der ersten Zählzeit („Eins") vorkommt. Es ist auch unter dem Titel *Bergvagabunden* bekannt. Ich persönlich mag die Achtelsynkope sehr, da ihre Verschiebung der Betonung rhythmisch noch einmal enorm viel Schwung in eine Melodie bringt!

Rhythmusübung

TIPP: *Auch hier hilft dir besonders, ein Gefühl für diese komplizierte Achtelsynkope zu bekommen, wenn du dir jedes Stück vor dem Start mehrfach auf der CD anhörst.*

Kapitel 4: Achtelsynkopen 131

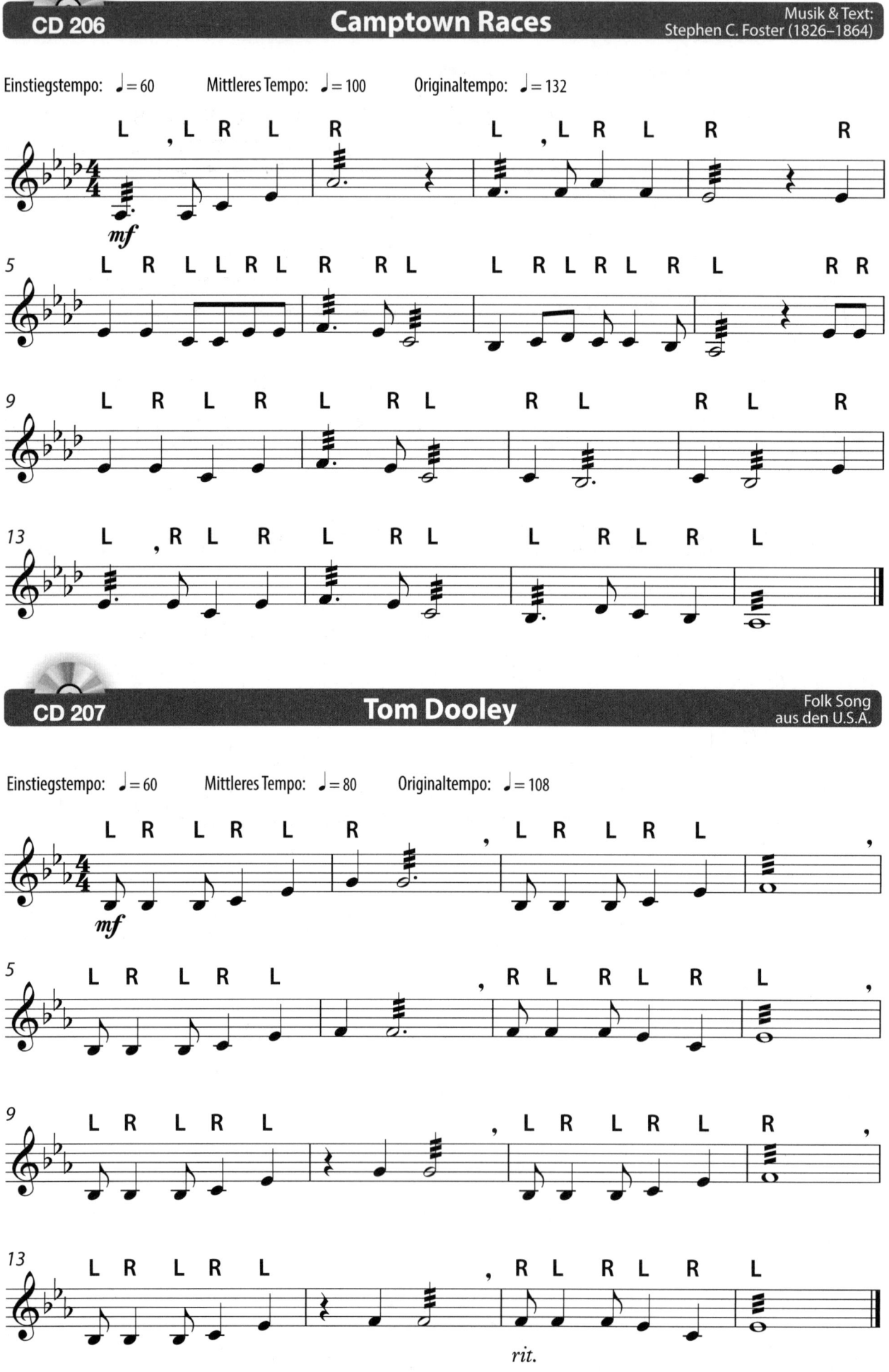

Kapitel 4: Achtelsynkopen

Die „abgeschnittene" Synkope

Bei der *„abgeschnittenen" Synkope* folgt auf die erste Achtelnote nur eine punktierte Viertelnote. Sie startet auf dem zweiten Achtel und wird über die folgende Viertel ausgehalten. Somit heißt die *punktierte Viertelnote* hier **ki‿a‿i**. Die komplette „abgeschnittene" Synkopenfigur nenne ich in meiner Rhythmussprache **Ta ki‿a‿i**. Du findest sie im ersten Takt auf der dritten und vierten Zählzeit des folgenden Marimba-Solos.

Rhythmusübung

Ta ki a i Ta ki n ki   n ki Ta ki Ta ki a i   Ta ki a i Ta ki a ki   Ta Ta ki Ta ki a i

TIPP: *Höre jedes Lied mehrfach auf der CD an, bevor und während du es übst. So verinnerlicht sich auch die abgeschnittene Synkope.*

CD 210 — **Viviane** (Marimba-Solo)

Musik: Elisabeth Amandi (2016)
© Copyright 2020 by Alfred Music

Einstiegstempo: ♩ = 60   Mittleres Tempo: ♩ = 88   Originaltempo: ♩ = 116

Kapitel 4: Achtelsynkopen

When I Was Single

CD 211
Folk Song aus Irland

Einstiegstempo: ♩ = 66   Mittleres Tempo: ♩ = 132   Originaltempo: ♩ = 192

L R L R R L R R L R L R L R L

6 R R L R L R L R R L R L R

11 R L R L R L R R R L

rit.

Crescendo und decrescendo

Im folgenden Slow Waltz *Aniela tanzt* sind erstmals *Dynamik-Gabeln* als Zeichen unter den Notenzeilen notiert. Damit wird speziell angegeben, dass die Lautstärke sich hier *allmählich* verändert bis dahin, wo ein neues Dynamikzeichen wie *p* oder *f* (vgl. S. 44) notiert ist.

Crescendo: Ist die Gabel am Anfang *geschlossen* und öffnet sich, spielst du *allmählich lauter*.

Decrescendo: Ist die Gabel am Anfang *offen* und schließt sich, spielst du *allmählich leiser*.

Wichtig ist, dass die Lautstärke *stufenlos* an- bzw. abschwillt. Dieser Dynamikeffekt stellt eine weitere spieltechnische Herausforderung darstellt. Hier gilt explizit: *Ohren auf beim Marimbaspiel!*

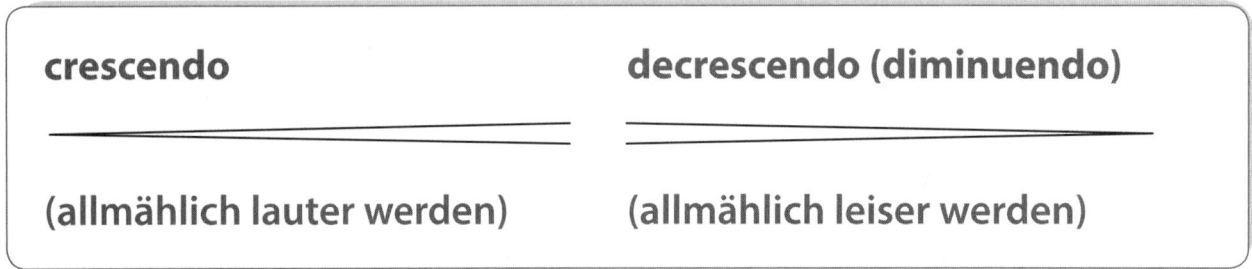

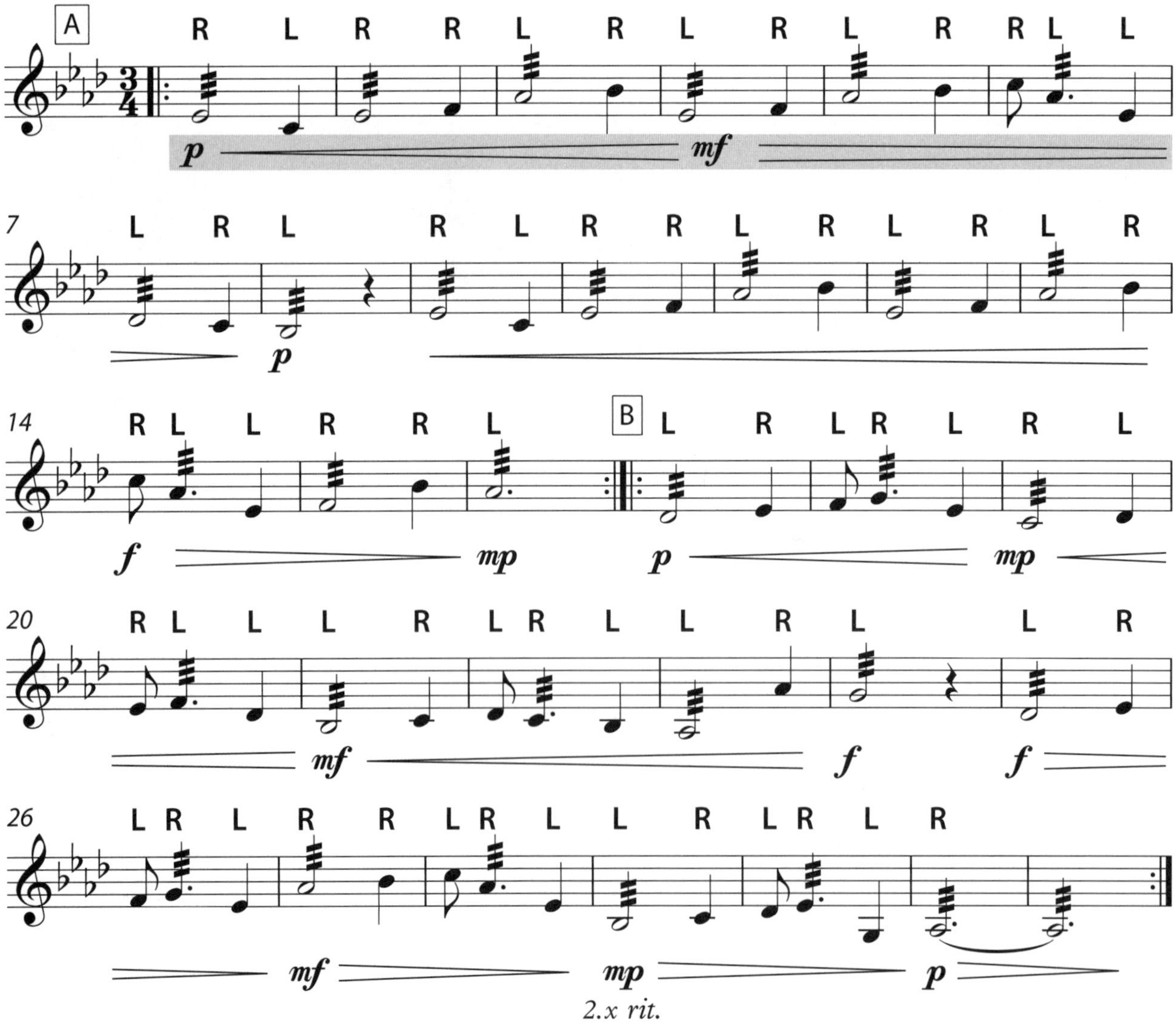

Kapitel 4: Achtelsynkopen

URKUNDE
für

_____

die/der das *Kapitel 4* von

GARANTIERT MARIMBA LERNEN

mit Erfolg
abgeschlossen hat.

Lehrer _____

Datum _____

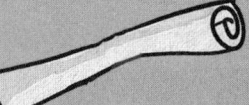

Kapitel 5
Sechzehntelnoten

Die Sechzehntelnoten

In diesem Kapitel kommen die *Sechzehntelnoten* ins Spiel. Optisch unterscheiden sie sich von den Achtelnoten durch ihre *zwei Balken* bzw. *zwei Fähnchen*. Sie zeigen an, dass die Sechzehntelnoten *doppelt so schnell* wie Achtelnoten gespielt werden. Wie der Name sagt, stellen sie ja nur ein Sechzehntel der Länge einer Ganzen Note dar. Zunächst werden vier Sechzehntelnoten zusammengefasst. In meiner Rhythmussprache nenne ich sie: **Ta ra ki ri**.

Gut ist, erstmal *sehr langsam* zu üben mit Hilfe eines *Metronoms*. Hilfreich ist ebenso, so oft wie möglich mit deinem Lehrer oder einer/m Freund/in, der/die bereits Sechzehntelnoten spielen kann, zusammen zu musizieren.

Rhythmusübung

TIPP: *Ich kann nur wiederholen, dass das Hören der Lieder auf der CD vor und während das Trainings enorm hilft, auch wenn sie schneller sind. Du bekommst so am besten das Gefühl für die Sechzehntel.*

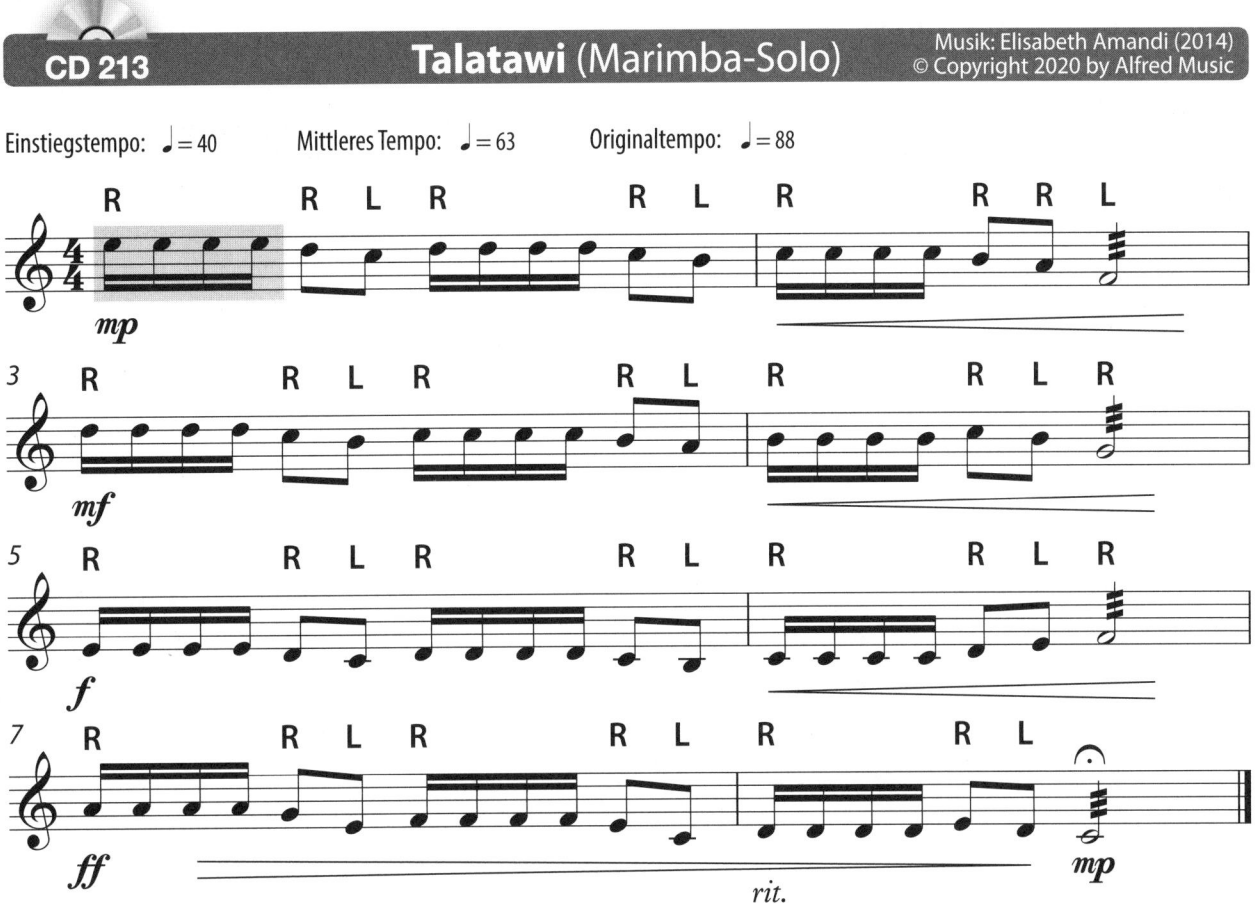

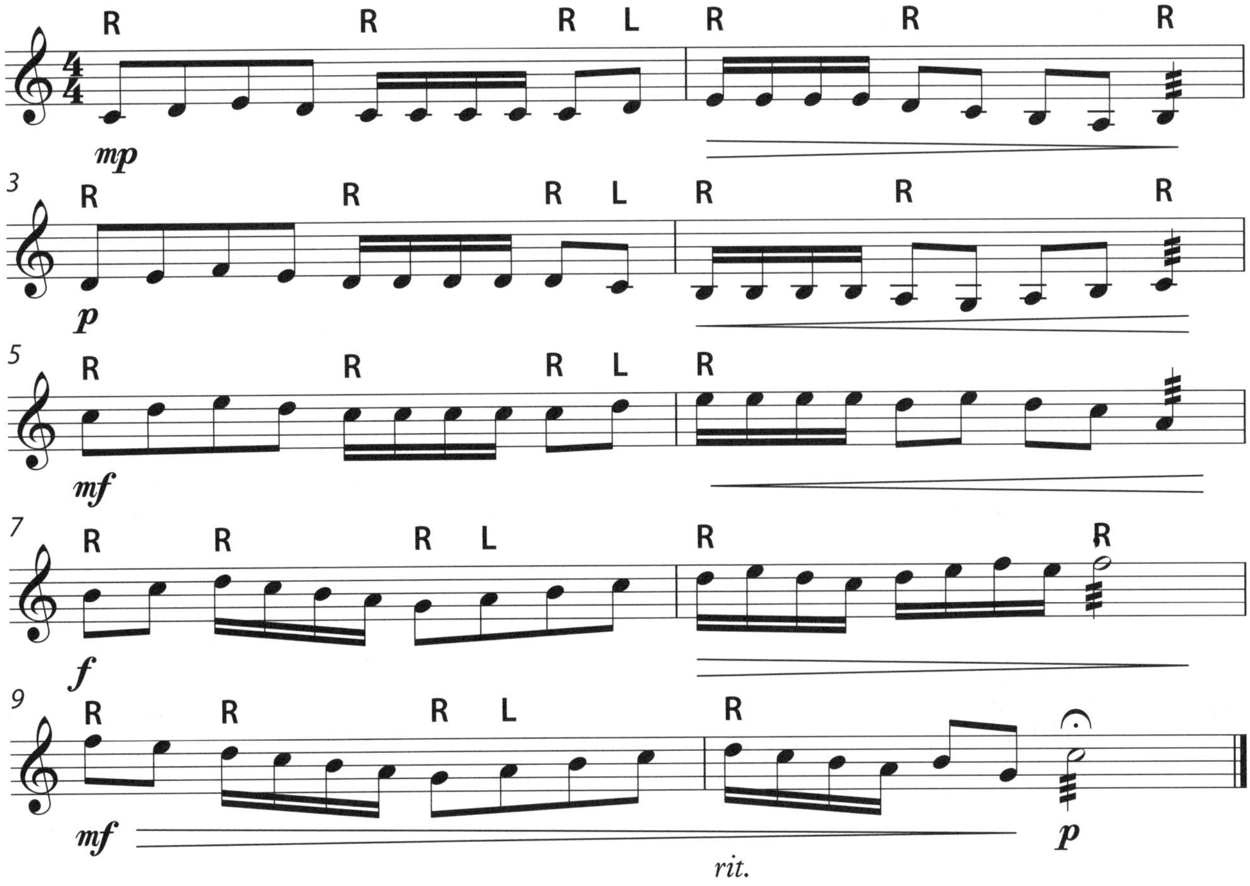

Sechzehntelfigur 1: Ta ra ki

Häufig kommt es vor, dass *zwei Sechzehntelnoten mit einer Achtel* verbunden werden. Dabei ist die linke Hälfte des Balkens gedoppelt und verbindet die beiden Sechzehntelnoten. Dann folgt ein einfacher Balken für die Achtelnote. In meiner Rhythmussprache nenne ich es **Ta ra ki**.

Schreibe **Ta ra ki** direkt unter die jeweiligen Noten der folgenden Lieder und übe intensiv mit *Metronom*!

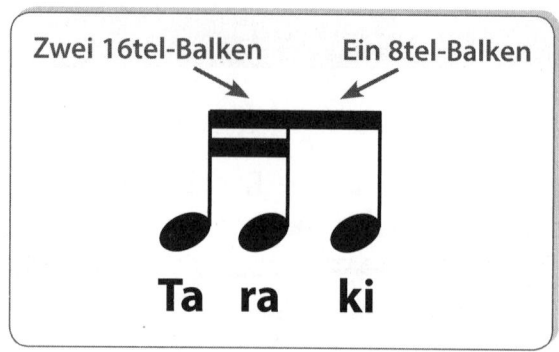

TIPP: Noch einmal sei daran erinnert: Vor und während des Übens bitte jedes Lied mehrfach auf der CD anhören!

Rhythmusübung

CD 215 — **Radegund** (Marimba-Solo)

Musik: Elisabeth Amandi (2014)
© Copyright 2020 by Alfred Music

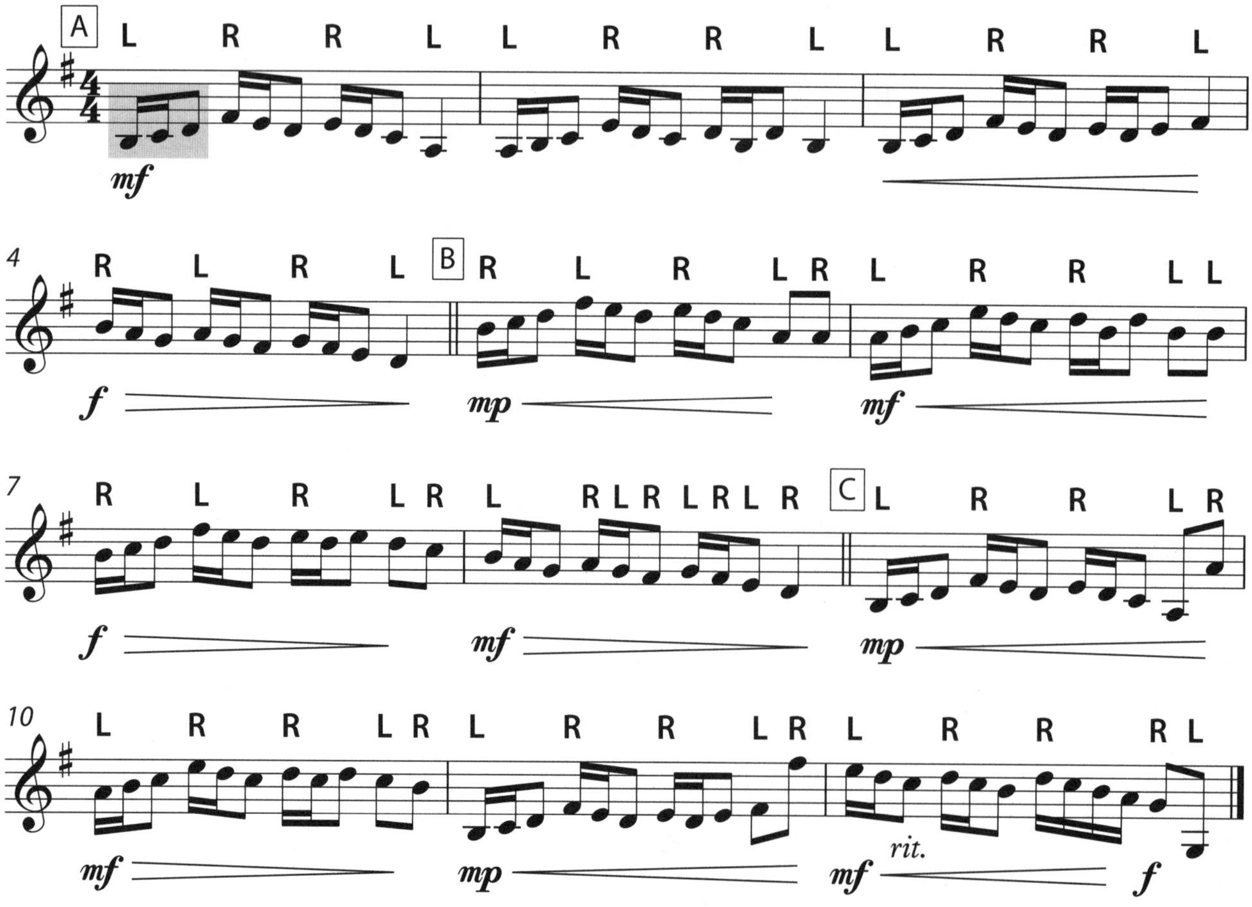

Kapitel 5: Sechzehntelnoten

Sechzehntelfigur 2: Ta ki ri

Optisch sieht es nur nach einer schlichten *Spiegelung* der **Ta ra ki-Figur** aus. Rhythmisch ist es ein völlig neuer Baustein, zuerst die Achtelnote mit dem einfachen Balken und dann die beiden Sechzehntelnoten mit dem Doppelbalken zu spielen.

Da hilft wieder meine Rhythmussprache, in der dieser Baustein **Ta ki ri** heißt. Auch hier ist es hilfreich, **Ta ki ri** direkt unter die jeweiligen Noten zu schreiben und immer mit *Metronom* zu üben.

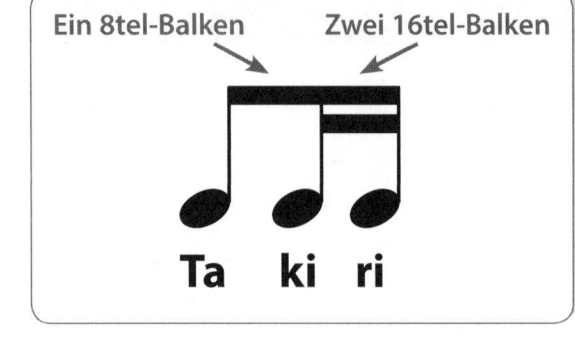

TIPP: *Häufiges Anhören der CD-Tracks hilft, ein Gefühl für die anspruchsvollen Sechzehntelfiguren zu entwickeln.*

Rhythmusübung

CD 218 — **Auf einem Baum ein Kuckuck** — Volkslied aus dem Bergischen Land (19. Jh.)

CD 219 — **Die Vogelhochzeit** (Ein Vogel wollte Hochzeit machen) — Volkslied aus Schlesien

Kapitel 5: Sechzehntelnoten

Und als die Schneider Jahrtag hatten
Spottlied

CD 220

Einstiegstempo: ♩ = 50   Mittleres Tempo: ♩ = 72   Originaltempo: ♩ = 96

Temposchwankungen

In der Musik kommen immer wieder Temposchwankungen vor wie in den beiden folgenden Liedern. So steht in der Mitte ein *rit.* für *langsamer werden* und etwas später ein *a tempo*, das für die *Wiederaufnahme des vorherigen Tempos* steht.

rit. — langsamer werden
a tempo — ursprüngliches Tempo wieder aufnehmen

TIPP: *Höre dir den CD-Track mehrfach an, um ein Gefühl für die Temposchwankungen zu bekommen.*

Kapitel 5: Sechzehntelnoten

Der 5/4-Takt

In der Taktangabe des nächsten Stücks steht eine **5** über der **4**, das Zeichen für den 5/4-Takt. Er setzt sich zusammen aus einem 2/4- und einem 3/4-Takt. Du zählst also erst zwei Schläge für den 2/4-Takt und dann drei Schläge für den 3/4-Takt.

Der 5/4-Takt kommt nicht so oft vor, wirkt aber rhythmisch spannend und energetisch neu, wie z.B. der Jazz Standard *Take Five* von Dave Brubeck.

> ### Der 5/4-Takt
>
> 5/4 Ein Takt enthält **fünf** Schläge
> **Ein** Schlag = eine **Viertelnote**
>
> Ein 5/4-Takt lässt sich entweder in einen 2/4- und 3/4-Takt oder umgekehrt in einen 3/4- und 2/4-Takt aufteilen.

Das kleine gis

Im nächsten Lied kommt erstmals das **kleine gis** in der ersten Zeile im dritten Takt auf der ersten Viertelnote vor. Du kennst die Taste bereits vom **kleinen as** (*vgl. S. 86*).

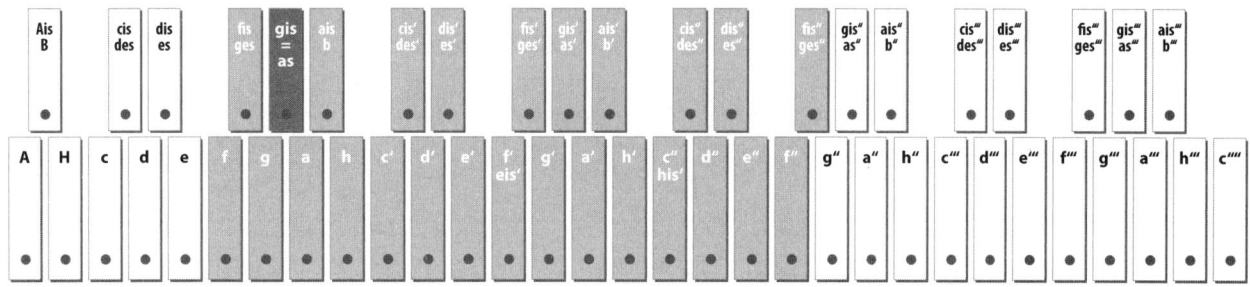

CD 222 — **Desideria** (Marimba-Solo)

Musik: Elisabeth Amandi (2014)
© Copyright 2020 by Alfred Music

Sechzehntelfigur 3: n ki ri

Rhythmisch wird es noch interessanter, wenn eine *Achtelpause mit zwei Sechzehntelnoten* zu einem Rhythmusbaustein kombiniert wird. In meiner Rhythmussprache nenne ich es **n ki ri**.

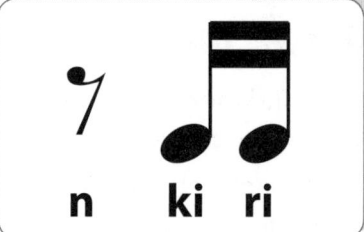

Rhythmusübung

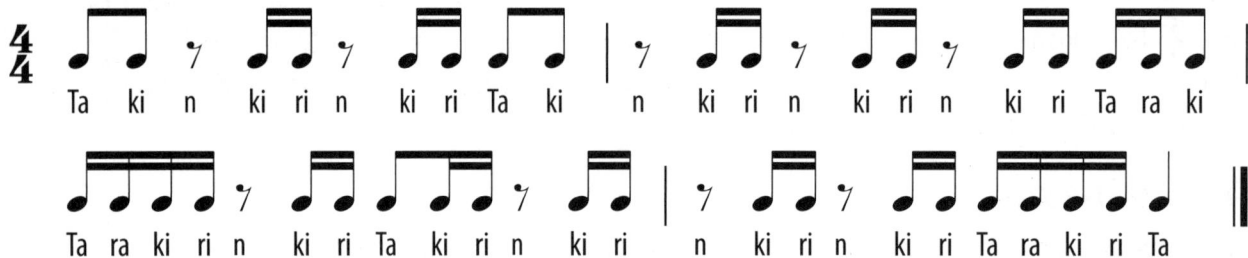

TIPP: *Auch hier ist die CD wieder von Nutzen.*

CD 223   **Potschata Zwoaschritt**   Volkstanz aus dem Alpenland

Einstiegstempo: ♩ = 40   Mittleres Tempo: ♩ = 76   Originaltempo: ♩ = 96

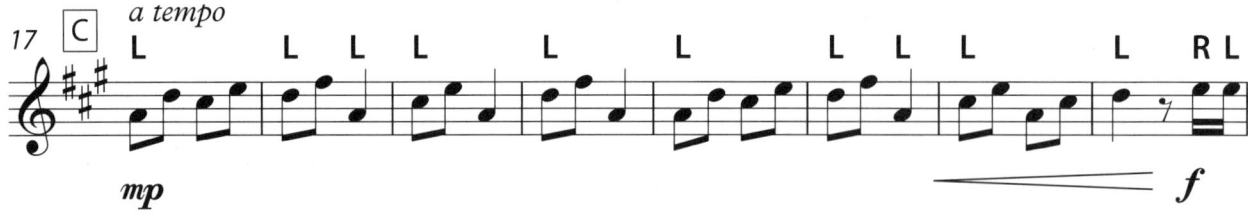

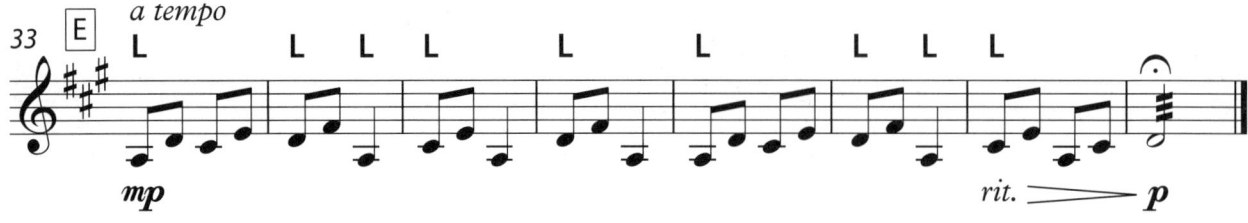

Kapitel 5: Sechzehntelnoten

CD 224 Heute geht Ramona tanzen (Marimba-Solo)
Musik: Elisabeth Amandi (2001)
© Copyright 2020 by Alfred Music

Einstiegstempo: ♩ = 60   Mittleres Tempo: ♩ = 88   Originaltempo: ♩ = 112

URKUNDE

für

_____

die/der das *Kapitel 5* von

GARANTIERT MARIMBA LERNEN

mit Erfolg

abgeschlossen hat.

Lehrer _____

Datum _____

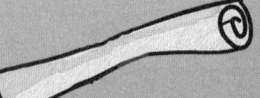

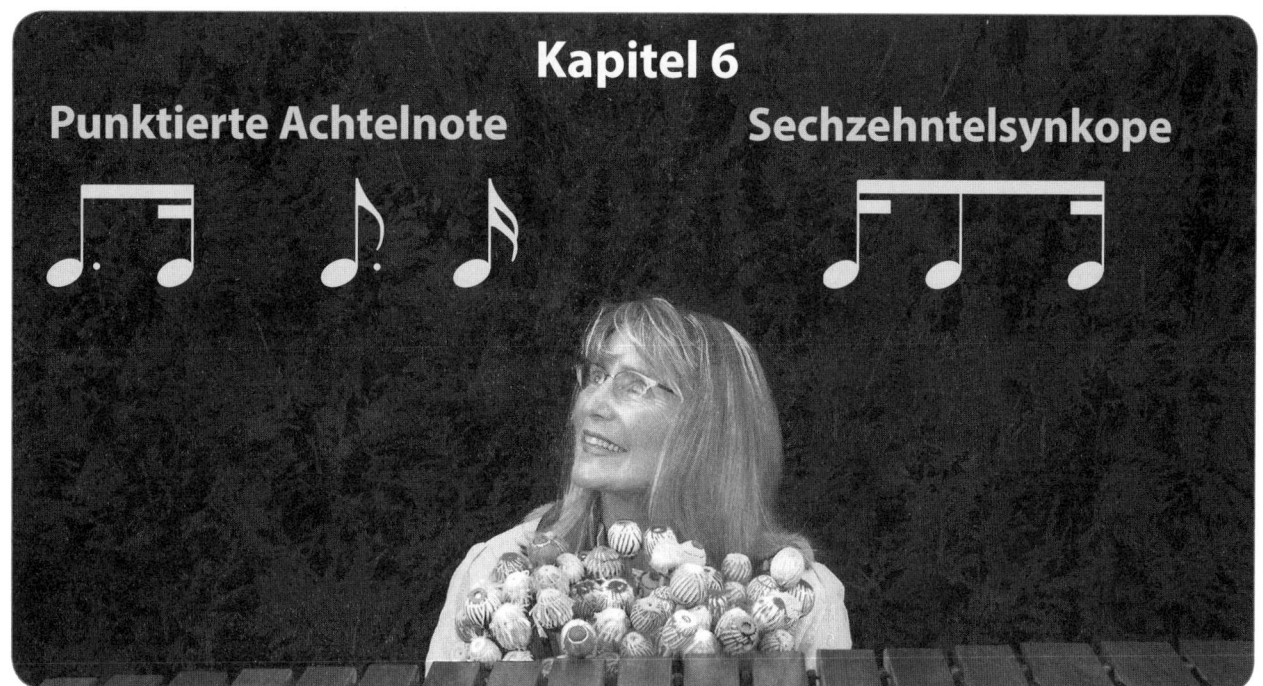

Die punktierte Achtelnote mit anschließender Sechzehntelnote

Auch innerhalb der Rhythmen mit Sechzehntelnoten kommen – wie am Anfang von *Happy Birthday* – punktierte Noten vor. Hier entsteht durch eine *punktierte Achtelnote mit anschließender Sechzehntelnote* innerhalb eines Balken ein neuer Rhythmusbaustein.

Auch hier gilt, dass der Punkt die Achtelnote *um die Hälfte ihres Wertes* verlängert. Daraus folgt, dass die punktierte Achtelnote *drei Sechzehntelnoten* ausgehalten wird, an welche das kurze *vierte Sechzehntel* anschließt.

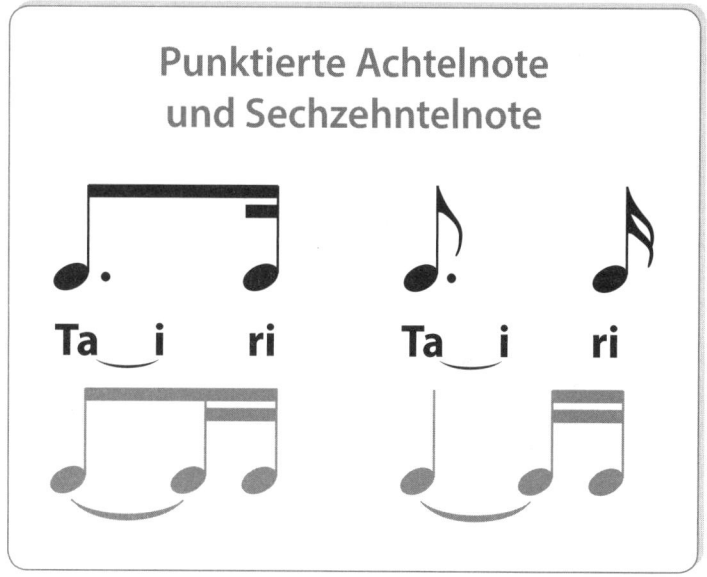

In meiner Rhythmussprache nenne ich diesen Rhythmusbaustein **Ta‿i ri**.

In den folgenden Liedern bringt dieser „schmissige" Baustein intensive rhythmische Energie.

> **TIPP:** Nicht vergessen! Immer erst jeden CD-Track anhören oder downloaden und in Endlosschleife laufen lassen.

Rhythmusübung

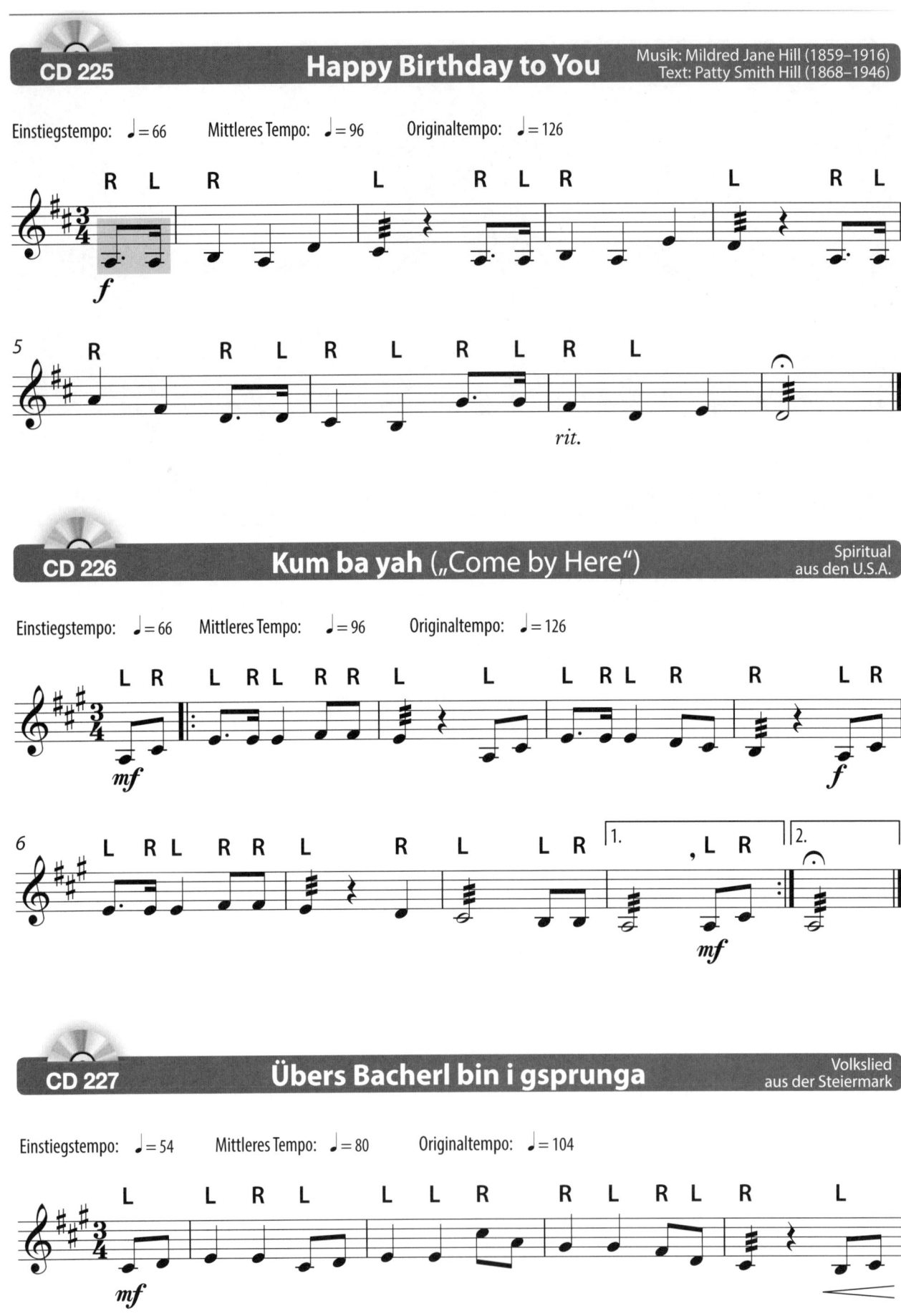

Kapitel 6: Punktierte Achtelnote | Sechzehntelsynkope

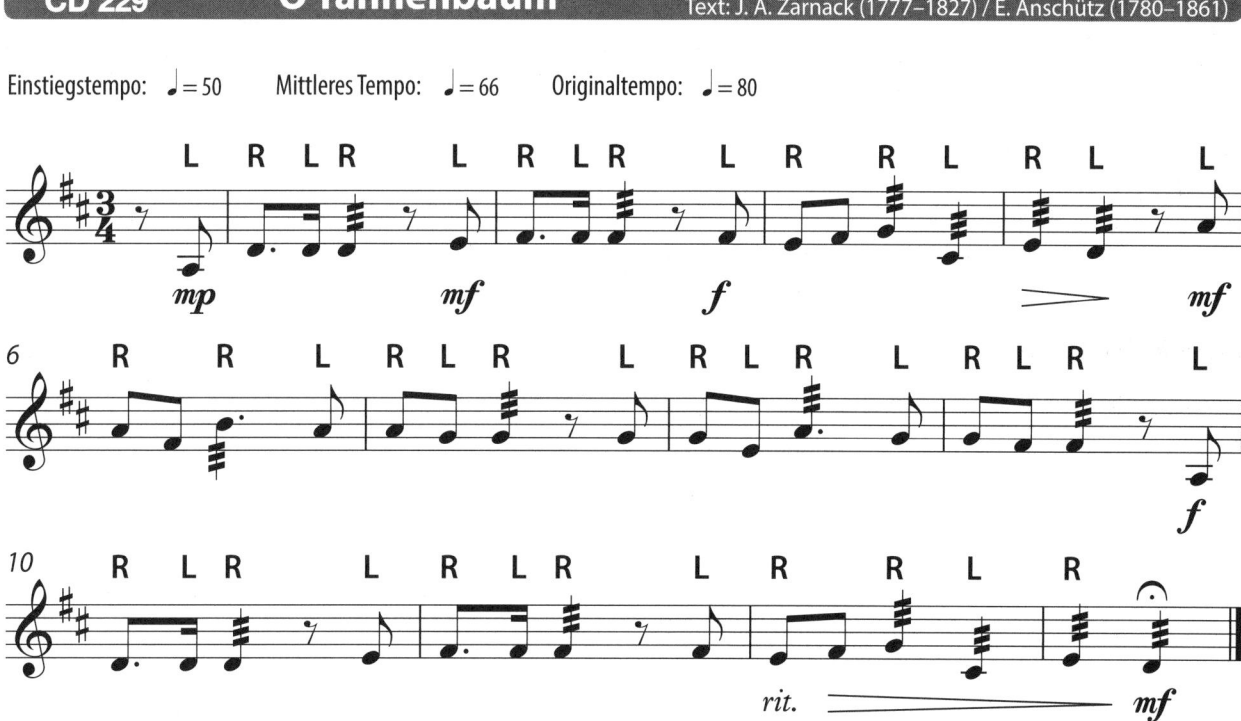

Das kleine ais

Die Taste des **kleinen ais** kennst du bereits vom **kleinen b** (vgl. S. 75).

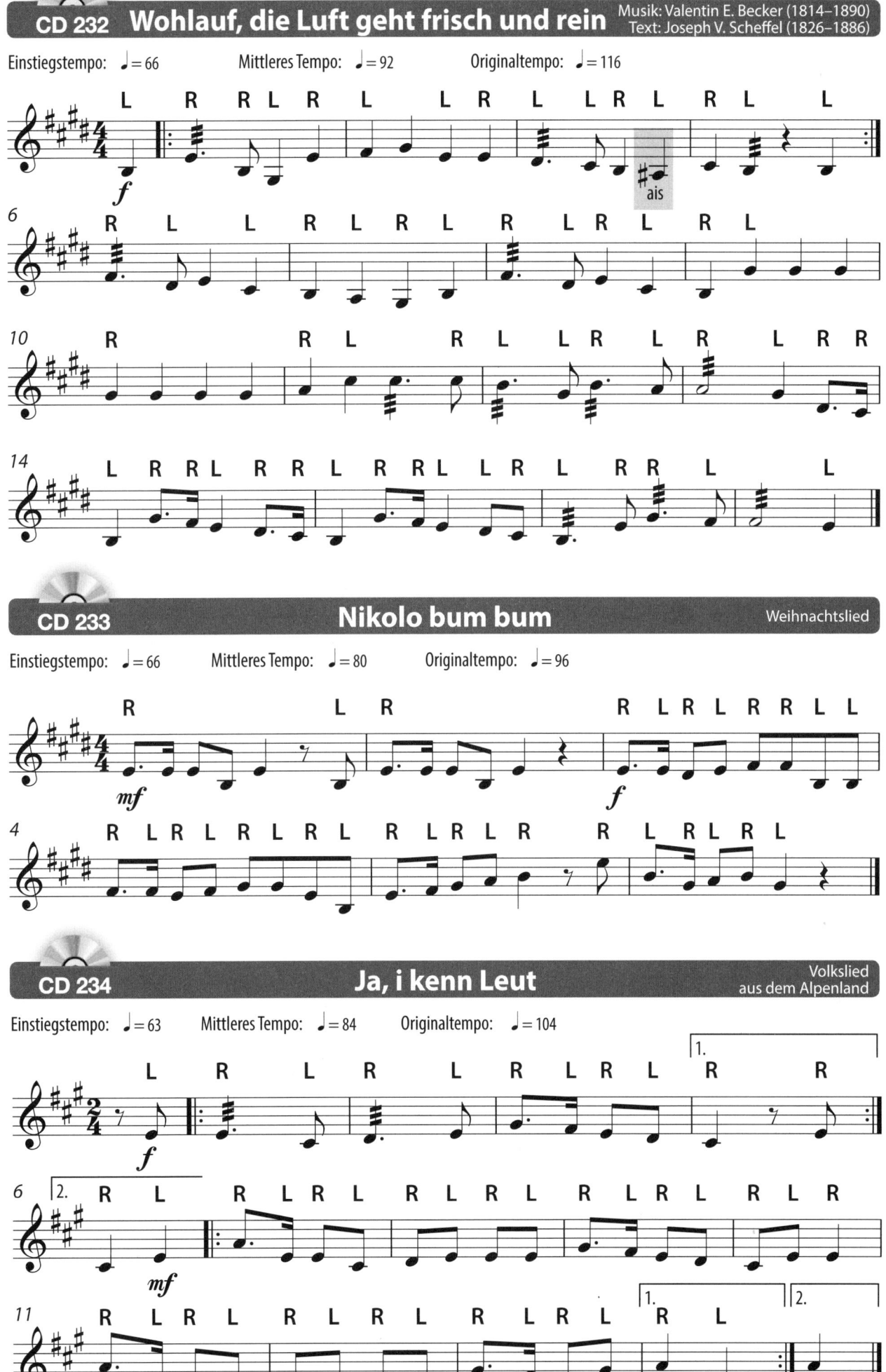

Kapitel 6: Punktierte Achtelnote | Sechzehntelsynkope 157

Das zweigestrichene dis"

Die Taste des **zweigestrichenen dis"** kennst du bereits von **es"** (*vgl. S. 80*).

CD 244 — **Miriam** (Marimba-Solo)

Musik: Elisabeth Amandi (2012)
© Copyright 2020 by Alfred Music

CD 245 — **Good Night Ladies**

Musik & Text:
Edwin P. Christy (1815–1862)

CD 246 **John Brown's Body** (Glory, Glory Hallelujah)

Folk Hymne aus den U.S.A.

Einstiegstempo: ♩ = 50 Mittleres Tempo: ♩ = 80 Originaltempo: ♩ = 112

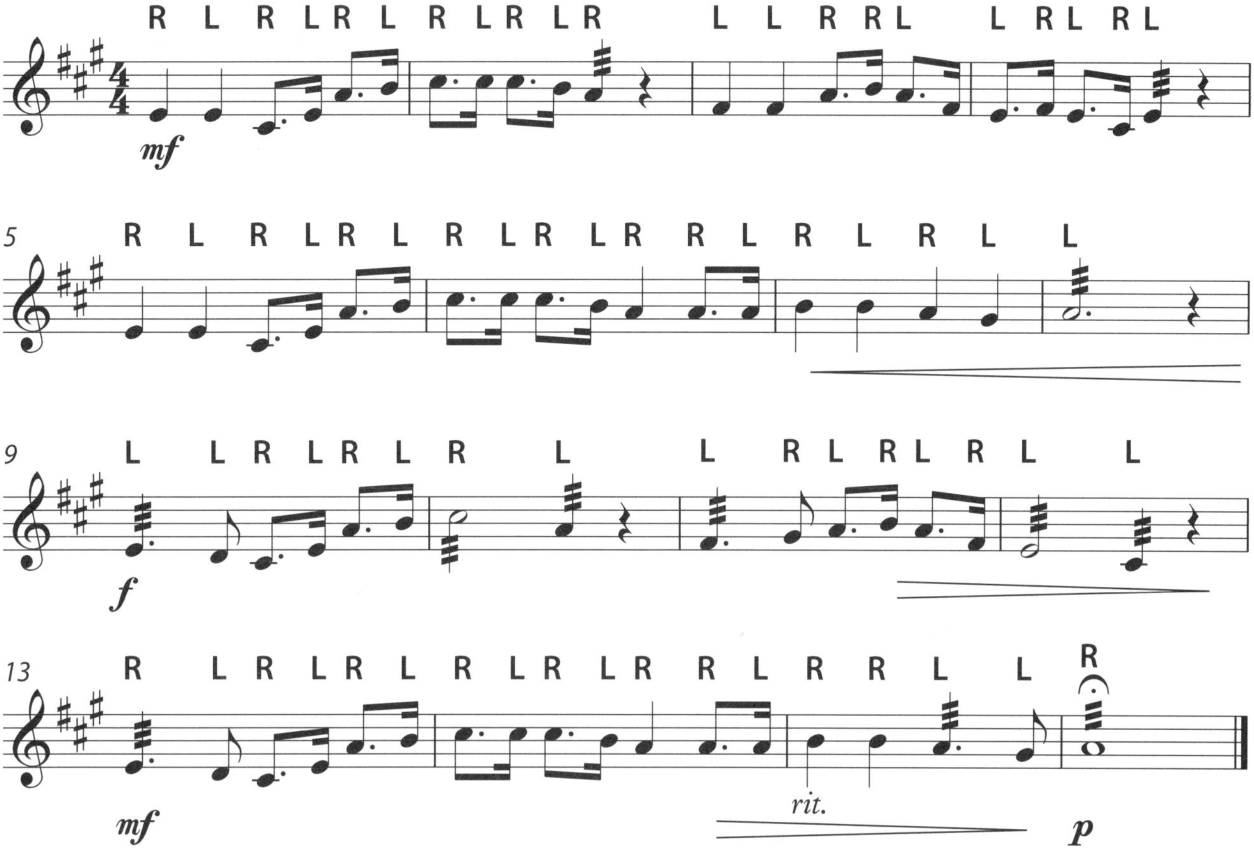

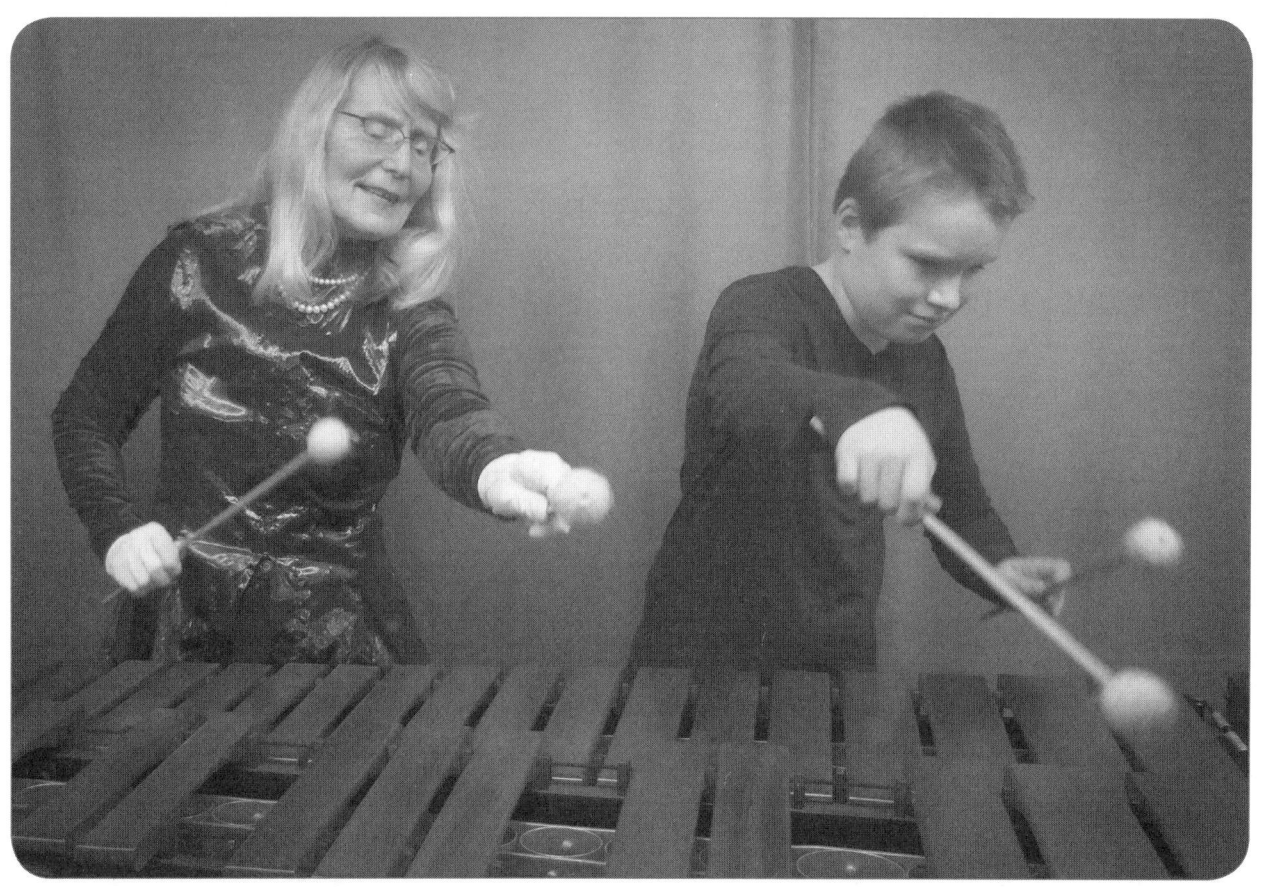

Die Sechzehntelsynkope

Die *Sechzehntelsynkope* ähnelt der *Achtel-Synkope* (*vgl. S. 130*), wird allerdings *doppelt so schnell* gespielt.

Sie startet mit einer *Sechzehntelnote*, danach folgt eine *Achtelnote* und danach eine weitere *Sechzehntelnote*. In meiner Rhythmussprache heißt dieser Baustein **Ta ra i ri**.

In den folgenden Liedern bringt dieser intensive Rhythmusbaustein weitere spannende rhythmische Impulse. Schreibe dir an den jeweiligen Stellen die Silben meiner Rhythmussprache unter die Noten und übe regelmäßig mit Metronom.

Rhythmusübung

TIPP: Immer erst CD-Track anhören!

CD 247 — **Sambalelé** — Tanz aus Brasilien

Kapitel 6: Punktierte Achtelnote | Sechzehntelsynkope

Kolombina (Marimba-Solo)

CD 248

Musik: Elisabeth Amandi (2012)
© Copyright 2020 by Alfred Music

Einstiegstempo: ♩= 40   Mittleres Tempo: ♩= 58   Originaltempo: ♩= 76

Idnama (Marimba-Solo)

Musik: Elisabeth Amandi (2018)
© Copyright 2020 by Alfred Music

Einstiegstempo: ♩ = 60   Mittleres Tempo: ♩ = 72   Originaltempo: ♩ = 84

Kapitel 6: Punktierte Achtelnote | Sechzehntelsynkope

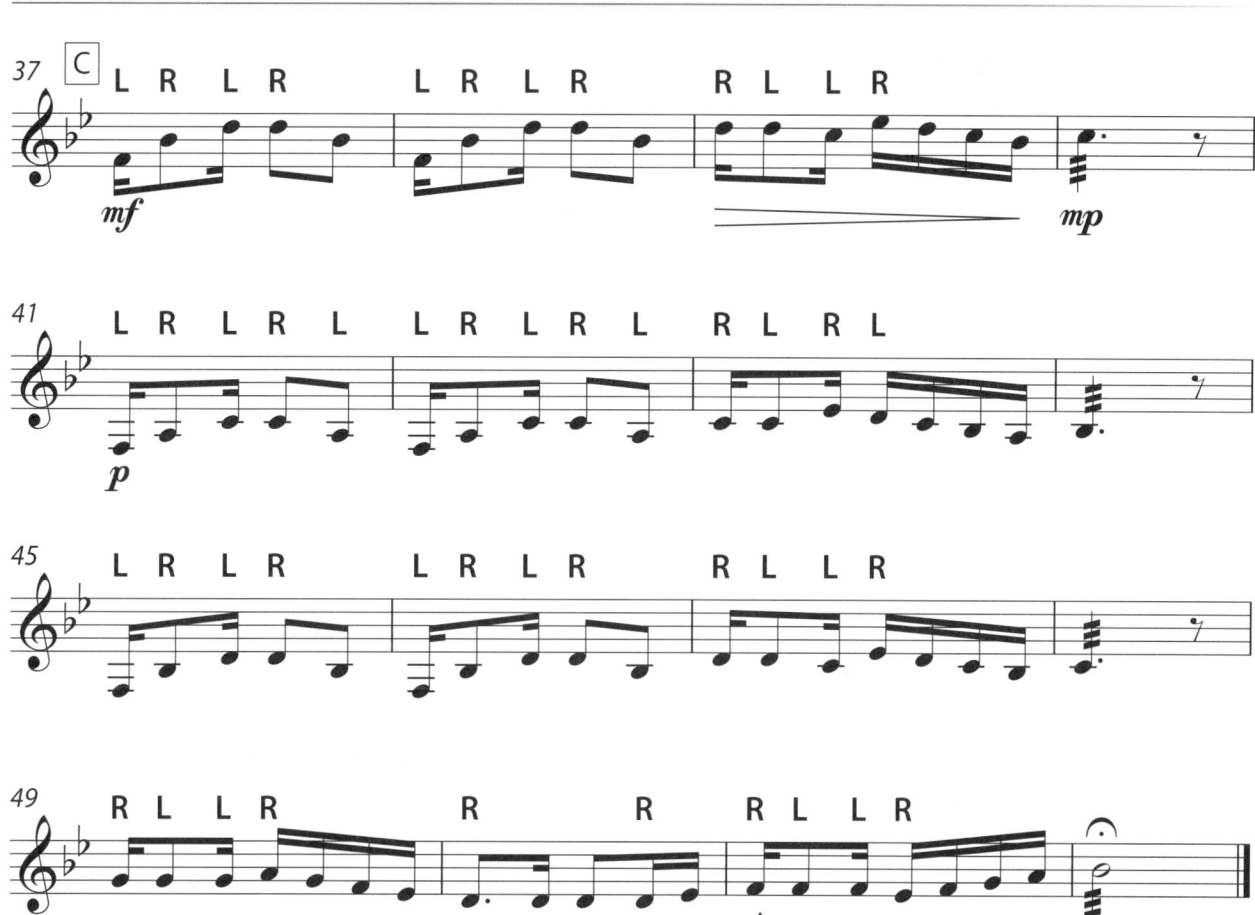

Das zweigestrichene g"

Zum Abschluss dieses Kapitels lernst du noch einen weiteren hohen Ton kennen: das **zweigestrichene g"**, das auf der *fünften Notenlinie* (*obersten Linie*) des Notensystems notiert wird. Auf der Marimba-Tastatur liegt das **g"** *rechts neben* der Taste vom **f"**.

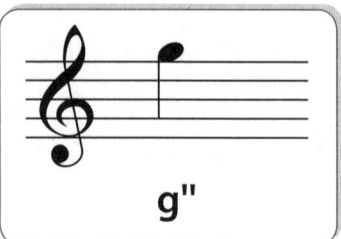

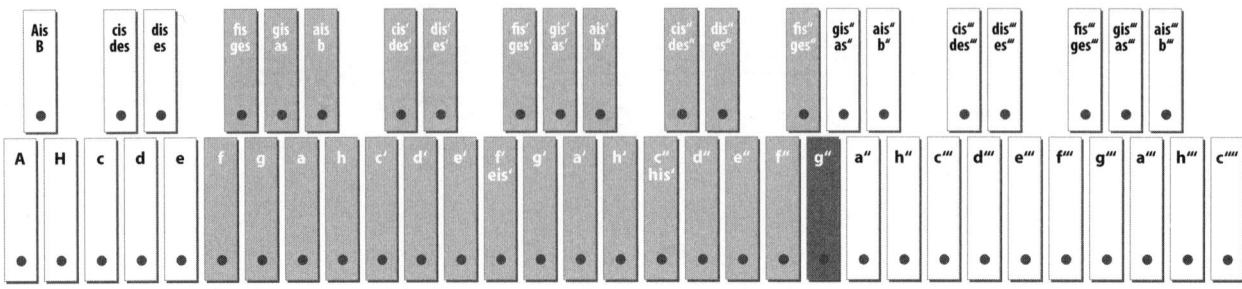

Im folgenden Marimba-Solo *Elsabe* findest du das **g"** in der vierten Zeile im zweiten Takt auf der Eins. Dieses Solo kommt mit *vier Modulationen* daher, d.h. die Tonart wechselt insgesamt viermal. Alle acht Takte ändert sich die Tonart *im Quintenzirkel abwärts*. Weitere Informationen dazu kannst du in jeder Harmonielehre nachlesen.

CD 250

Elsabe (Marimba-Solo)

Musik: Elisabeth Amandi (2014)
© Copyright 2020 by Alfred Music

Kapitel 6: Punktierte Achtelnote | Sechzehntelsynkope

URKUNDE

für

_____

die/der das *Kapitel 6* von

GARANTIERT MARIMBA LERNEN

mit Erfolg

abgeschlossen hat.

Lehrer _____

Datum _____

MarimBalance | Musikalische Gestaltung mit fortgeführtem Tremolo

Als *MarimBalance* bezeichne ich die Anschlagsmöglichkeiten an der Marimba, welche ich im Laufe meiner solistischen Aktivitäten entwickelt habe. Über Jahre hinweg habe ich an der Marimba die Anschlagkultur so verfeinert, dass ein *lebendiges, klangvolles Musizieren* entsteht. Das wird jetzt in den folgenden Musikstücken besonders erarbeitet. Für dieses Kapitel habe ich vor allem langsamere Melodien ausgewählt, bei denen durch das *immerwährende Tremolo* die Melodietöne *ohne Unterbrechung* aneinander gebunden werden.

> *REGEL:* Bei **fortgeführtem Tremolo** ist der Handsatz explizit wichtig, da das Tremolo bei **aufsteigender Melodie mit der rechten Hand** und bei **absteigender Melodie mit der linken Hand** geführt werden soll.

Spätestens jetzt sollten *weichere Schlägel* verwendet werden, welche die Töne besser miteinander verbinden, da gerade bei tremolierten Tönen dynamisch mit *crescendo* und *decrescendo* besonders ausdrucksstark musiziert werden kann.

Unabhängig davon gibt es zwischendurch *Töne ohne Tremolo*, welche *besonders entspannt* angeschlagen werden sollen, um mit den tremolierten Tönen eine stimmige, linear geführte Melodie zu bilden.

Beim Spielen dieser Lieder gilt: *Ohren auf und das eigene Marimbaspiel aufmerksam kontrollieren.*

Mein Leitspruch für *MarimBalance* lautet:

Lass es fließen, dann wird es ein wunderschönes Musizieren an der Marimba – und es macht dich total glücklich.

Kapitel 7: MarimBalance: Musikalische Gestaltung 1

CD 257 — **Greensleeves** — Traditional Folk Song aus England (16. Jh.)

Einstiegstempo: ♩ = 44   Mittleres Tempo: ♩ = 66   Originaltempo: ♩ = 88

espressivo emotivo
[ital.: mit viel Gefühl]

172 — Elisabeth Amandi | Garantiert Marimba lernen

CD 258 — The First Noel
Weihnachtslied aus Cornwall (England)

Einstiegstempo: ♩=44   Mittleres Tempo: ♩=63   Originaltempo: ♩=80

leggiero [ital.: leicht, locker]

CD 259 — Maria durch den Dornwald ging
Adventslied aus Niedersachsen (19. Jh.)

Einstiegstempo: ♩=48   Mittleres Tempo: ♩=58   Originaltempo: ♩=69

cantabile

Kapitel 7: MarimBalance: Musikalische Gestaltung 1

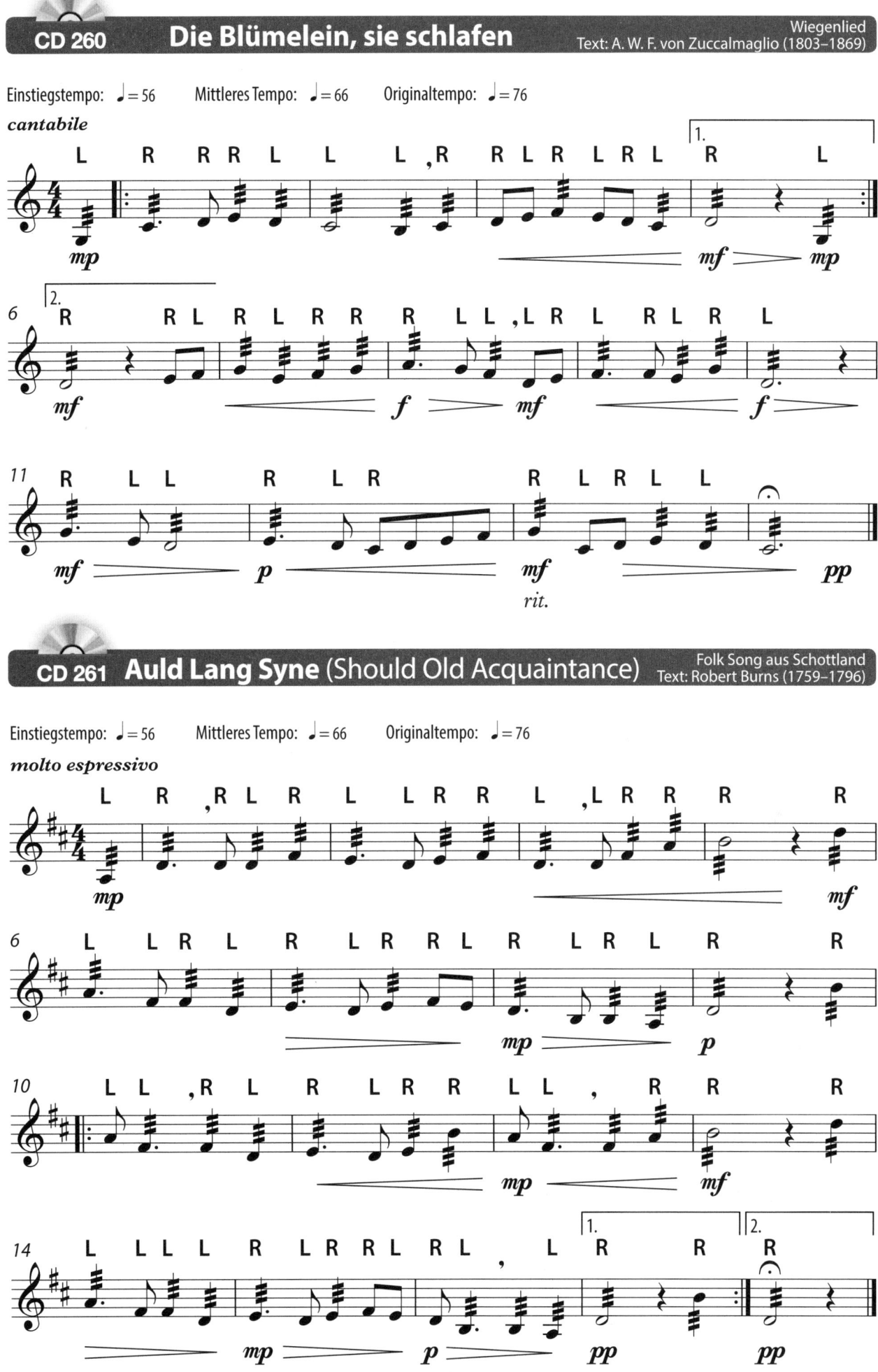

URKUNDE

für

_____

die/der das *Kapitel 7* von

GARANTIERT MARIMBA LERNEN

mit Erfolg

abgeschlossen hat.

Lehrer _____

Datum _____

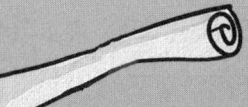

MarimBalance | Musikalische Gestaltung mit Legato und Staccato

MarimBalance bedeutet für mich, neben dem *durchgehenden Tremolo* und einer ausgefeilten *Dynamik* durch unterschiedliche Artikulationen die *Töne miteinander zu verbinden* bzw. *voneinander zu trennen.*

Der Bindebogen (Legatobogen)

Ein *Bindebogen* bzw. *Legatobogen* ist das Zeichen dafür, dass alle damit verbundenen Töne *legato* [Ital.: legato = gebunden] gespielt und sprichwörtlich aneinander gekettet werden. Zwischen diesen Tönen wird nicht abgesetzt, damit sie idealerweise ineinander klingen können.

Binde-/Legatobögen

Dabei spielt der *Schlägel* eine wesentliche Rolle, denn je besser dieser von vorneherein nachklingt, desto leichter lässt sich *legato* musizieren.

> **REGEL:**
> Der **Binde- bzw. Legatobogen** verbindet **Töne unterschiedlicher Tonhöhe** miteinander im Gegensatz zum **Haltebogen**, der Töne **gleicher Tonhöhe** miteinander verbindet.

Achte darauf, die Schlägel *ganz weich aus der Schulter mit dem ganzen Arm* so zu bewegen, dass sie über die Marimba hinweg schweben. Das ist wie eine Primaballerina, die auf Spitzenschuhen über dem Boden schwebt, nur hier schwebst du mit den Armen und Schlägeln über die Tasten!

Und natürlich alles im richtigen Tempo, eine weitere Herausforderung.

Staccato

Völlig anders werden dagegen *Töne mit einem Punkt unter oder über dem Notenkopf* gespielt, dem sogenannten *staccato* [Ital.: kurz/abgetrennt]. Diese Staccatotöne werden nur **kurz** mit der *Schlägelspitze und abgebremster Ausholbewegung* angeschlagen. Der Ton klingt mehr wie ein *Plopp*, ein völliger Kontrast zum *legato*.

Staccatopunkt

Beide Artikulationsarten – legato *und* staccato – zu *kombinieren*, ist die hohe Kunst des Marimba-Anschlags. Es ist hilfreich,

REGEL:
Im Unterschied zur **punktierten Note**, bei der der **Punkt hinter dem Notenkopf** angeordnet ist, steht beim **staccato** der **Punkt über oder unter dem Notenkopf**.

sie in den Noten mit unterschiedlichen Farben zu markieren, um die klanglichen Nuancen schneller wahrzunehmen. Denn nun geht es noch mehr darum, jeden Melodieton so bewusst und gefühlvoll anzuschlagen, dass deine Marimba praktisch zu „singen" beginnt.

Und hier gilt: Ohren spitzen und sich intensiv Zuhören beim eigenen Marimbaspiel!

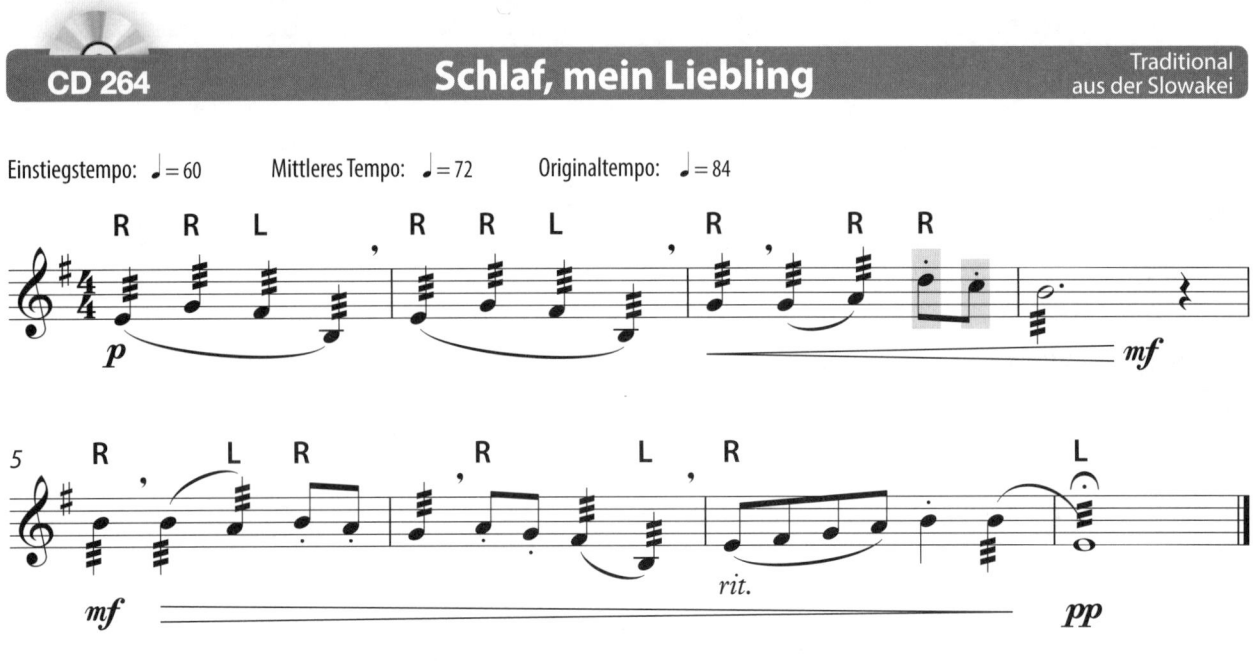

CD 264 — **Schlaf, mein Liebling** — Traditional aus der Slowakei

Einstiegstempo: ♩=60   Mittleres Tempo: ♩=72   Originaltempo: ♩=84

Kapitel 8: MarimBalance: Musikalische Gestaltung 2 | Tonart: Des-Dur 179

Im nächsten Lied auf *S. 180* kommen erstmals *fünf ♭-Vorzeichen* vor, die hier für die Tonart **Des-Dur** stehen. Ich finde, Des-Dur klingt auf der Marimba wunderschön und ist auch einfach zu spielen, da du dich vorwiegend auf den fünf oberen Tasten bewegst und nur das c und f auf der vorderen, diatonischen Tastatur einsetzt.

Fünf ♭-Vorzeichen

Die Tonart mit **fünf** ♭-Vorzeichen ist **Des-Dur**. Zu den vier bekannten ♭-Vorzeichen für das **b, es, as** und **des** kommt jetzt das **ges** dazu, bei dem das **g** um einen Halbton *erniedrigt* wird. Du schlägst *links* vom **g** in der oberen chromatischen Tastenreihe die *erste Taste der Dreiergruppe* an. Du kennst diese Taste bereits. Es ist dieselbe, welche für das **fis** (*vgl. S. 106*) verwendet wird.

REGEL:

Jedes ♭-Vorzeichen am Anfang der Notenzeilen verändert alle Töne im gesamten Musikstück, die mit dem gekennzeichneten Ton im Abstand von Oktaven stehen.

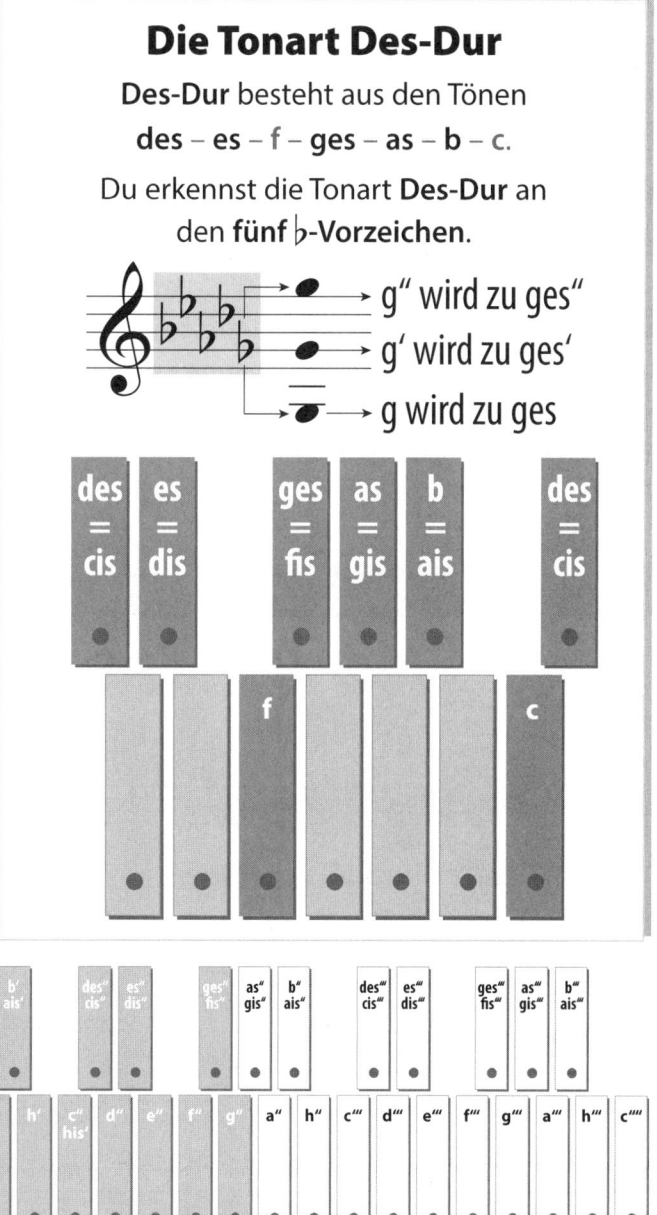

Die Tonart Des-Dur

Des-Dur besteht aus den Tönen
des – es – f – ges – as – b – c.

Du erkennst die Tonart **Des-Dur** an den **fünf ♭-Vorzeichen**.

g″ wird zu ges″
g′ wird zu ges′
g wird zu ges

Das **ges'** kommt erstmals in der ersten Zeile im *fünften Takt* auf der letzten Viertelnote im folgenden Lied *Wie schön blüht uns der Maien* vor.

Wellendynamik

In *Aloha oe* bietet es sich an, erstmals die von mir geschätzte *Wellendynamik* einzusetzen. Sie wird von vielen Instrumentalisten und Sängern bei ruhigeren Musiktiteln angewendet, indem mit ständigem *crescendo* und *decrescendo* durchgehend musiziert wird. Dabei solltest du darauf achten, dass sich die Wellendynamik im Rahmen der jeweiligen Grunddynamik bewegt, also nur um eine Stufe verändert, z.B. beim *mp* es nur bis *mf* lauter wird und umgekehrt.

Wichtig ist, die *nicht tremolierten* Töne ebenfalls sehr sanft an der Marimba anzuschlagen, um dem Fluss der Melodie zu folgen. Auch hier gilt: *Ohren spitzen beim Marimbaspiel!*

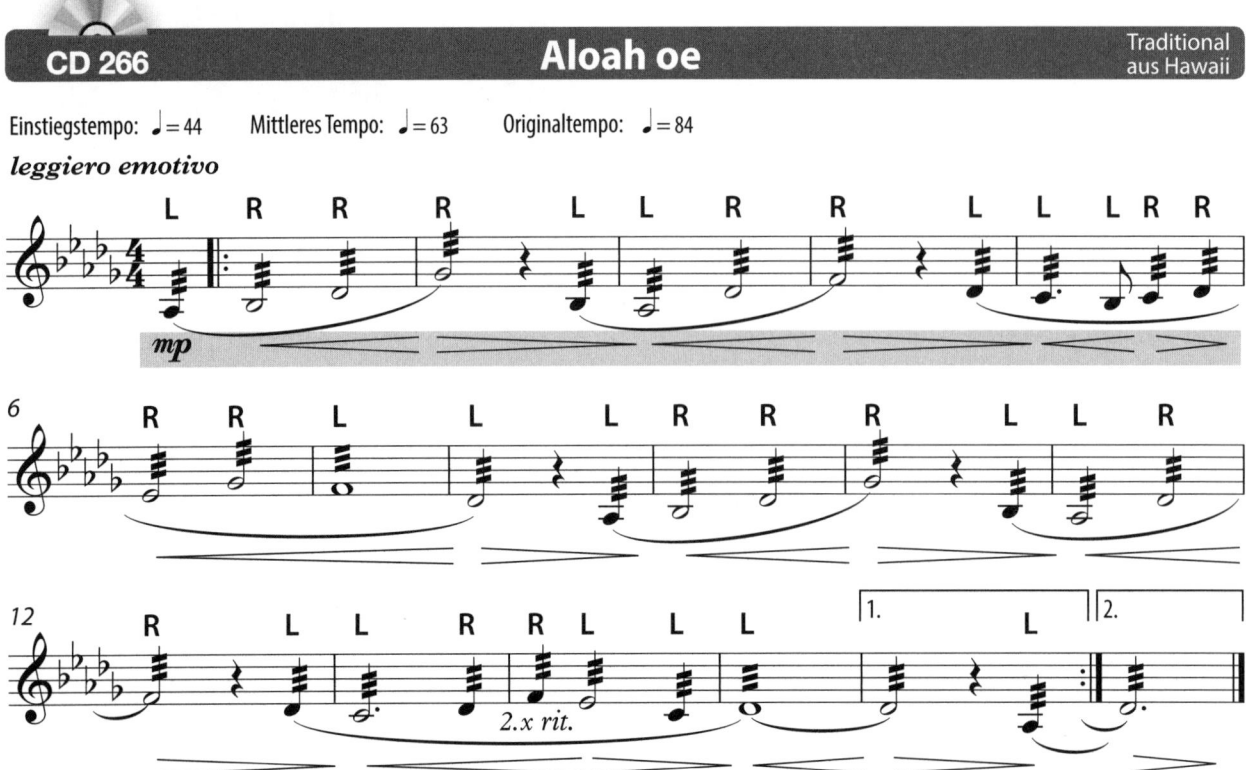

Es wird scho glei dumpa

Weihnachtslied aus Österreich
Text: Anton Reidinger (1839–1912)
CD 268

espressivo

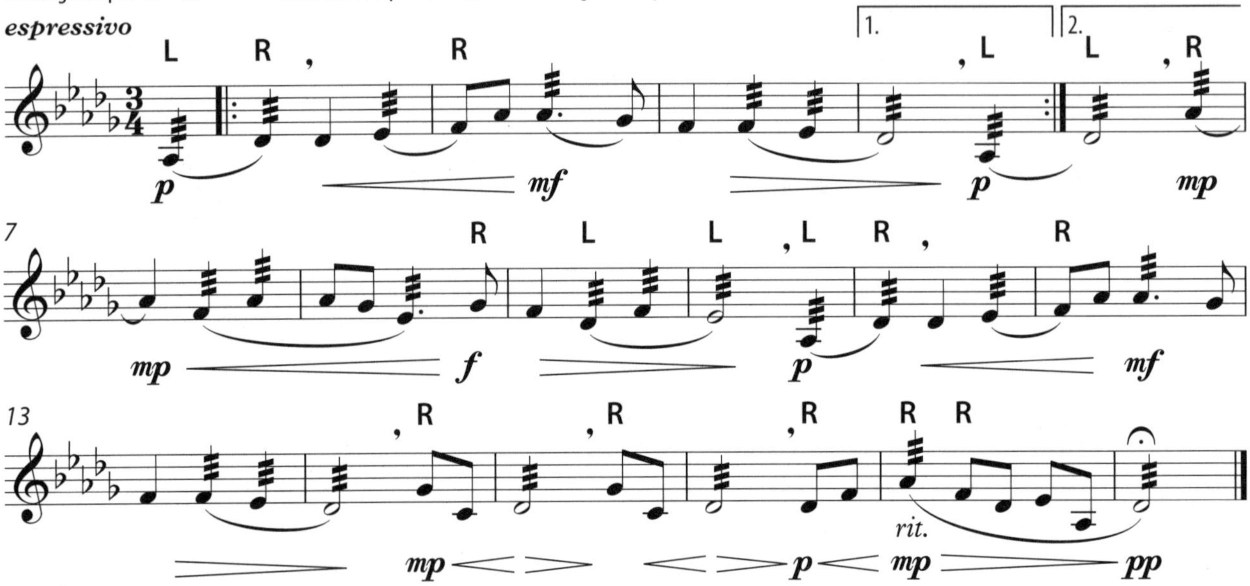

Tenuto

Als dritte Artikulationsart kommt nun *tenuto* [*Ital.: gehalten*] dazu. Das Tenuto-Zeichen ist ein *dünner Strich* unter oder über einer Note. Er zeigt an, dass der Notenwert vollständig nachklingt. Somit unterscheidet sich *tenuto* von *staccato* durch den längeren Nachklang.

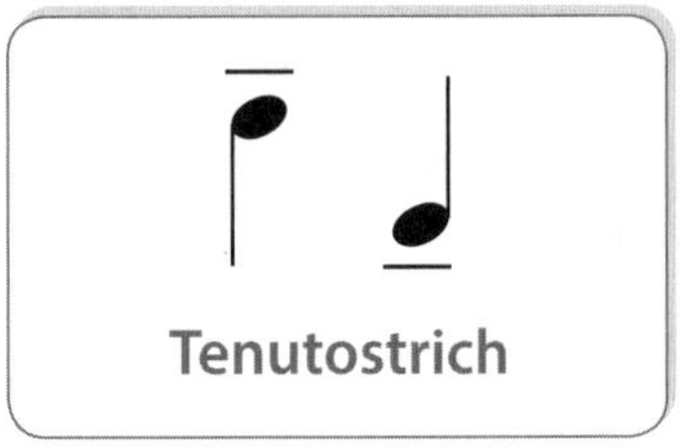

In der Ausführung an der Marimba wird mit dem ganzen Schlägelkopf und – wie beim staccato – mit der abgebremsten Ausholbewegung angeschlagen: Der Ton klingt intensiver. Auch hier gilt: *Ohren auf beim Marimbaspiel!*

Tenutostrich

A Londonderry Air (Danny Boy)

Folk Song aus Irland
CD 269

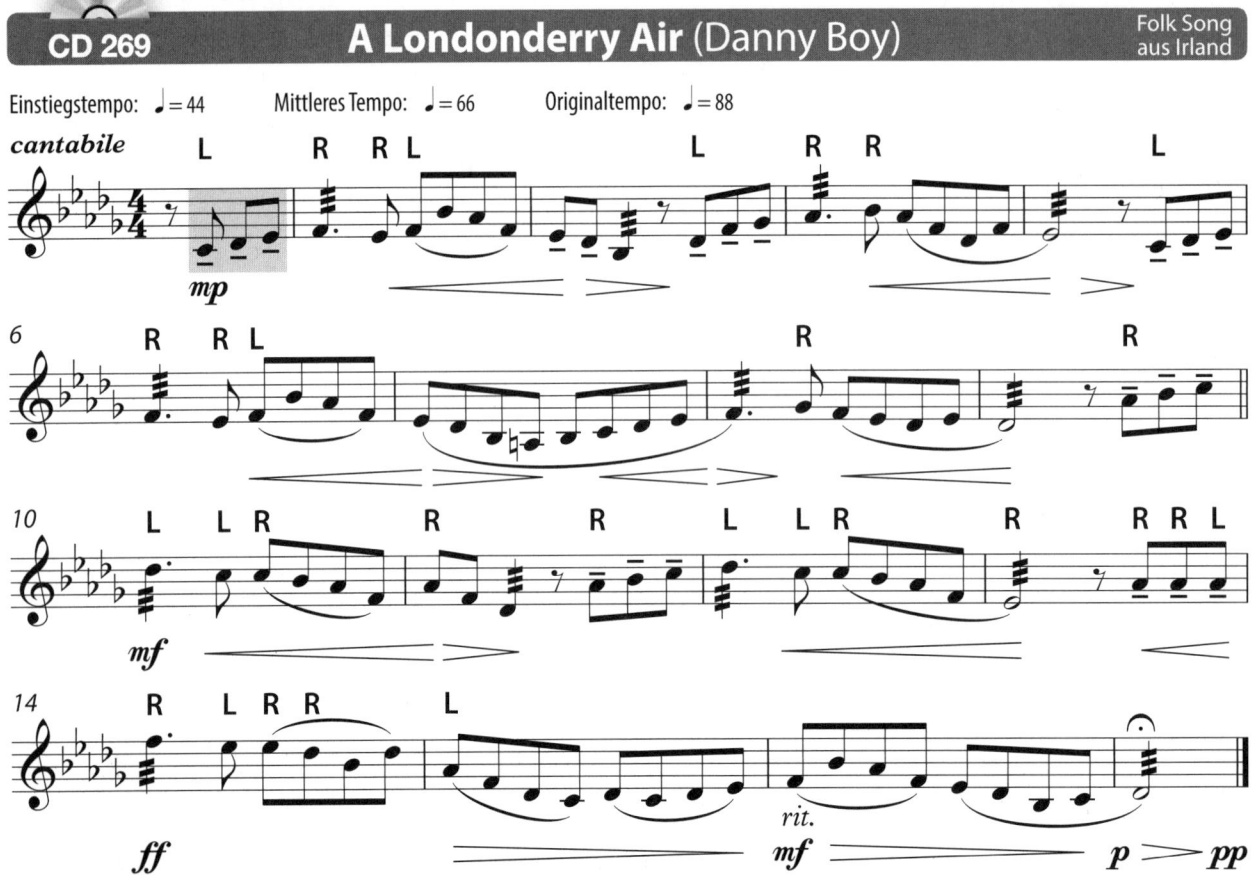

Kapitel 8: MarimBalance: Musikalische Gestaltung 2 183

CD 270 — **La Cinquantaine** (The Golden Wedding)
Hochzeitslied; Musik & Text: Jean G. P. Marie (1852–1928)

Einstiegstempo: ♩ = 60   Mittleres Tempo: ♩ = 92   Originaltempo: ♩ = 120

Akzente

Als vierte Artikulationsart kommt jetzt der *Akzent* dazu in Form einer *kleinen Gabel* über oder unter einer Note. Einen *Akzent setzen* meint, der jeweilige Ton wird betont, also lauter angeschlagen als die restlichen Töne. Wichtig ist, dass der Akzent der jeweiligen Grunddynamik angepasst wird. Das heißt, ein *piano*-Akzent wird entsprechend leiser angeschlagen als ein *mezzoforte*-Akzent.

Akzentzeichen

Das benötigt wieder viel Anschlagkontrolle und bedeutet: *Ohren auf beim Marimbaspiel!*

CD 271 — **Janika** (Marimba-Solo)

Musik: Elisabeth Amandi (2012)
© Copyright 2020 by Alfred Music

Einstiegstempo: ♩ = 72   Mittleres Tempo: ♩ = 100   Originaltempo: ♩ = 132

Kapitel 8: MarimBalance: Musikalische Gestaltung 2 185

Immer wieder werden zwei Artikulationen miteinander *kombiniert*, wie im nächsten Lied *staccato* und *Akzent*. Indem du die *Staccatotechnik* (*vgl. S. 178*) anwendest und dabei den Ton *lauter* anschlägst, wird die *Betonung leicht abgeschwächt*.

CD 272

Lisiana (Marimba-Solo)

Musik: Elisabeth Amandi (2020)
© Copyright 2020 by Alfred Music

Einstiegstempo: ♩=66   Mittleres Tempo: ♩=92   Originaltempo: ♩=116

grazioso
[ital.: anmutig, mit Grazie]

Kapitel 8: MarimBalance: Musikalische Gestaltung 2   187

In diesem ruhigen Marimbasolo von mir braucht es vor allem einen weichen Legato-Anschlag und intensive Wellendynamik.

Solange ma chérie (Marimba-Solo)

CD 274

Musik: Elisabeth Amandi (2012)
© Copyright 2020 by Alfred Music

Einstiegstempo: ♩ = 66   Mittleres Tempo: ♩ = 92   Originaltempo: ♩ = 116

Kapitel 8: MarimBalance: Musikalische Gestaltung 2

Pregúntale a las Estrellas

Elisabeth Amandi | Garantiert Marimba lernen

Aus der Karibik
Musik: Victor Harris (1869–1943)

Einstiegstempo: ♩ = 60   Mittleres Tempo: ♩ = 80   Originaltempo: ♩ = 100

leggiero agilmente

Kapitel 8: MarimBalance: Musikalische Gestaltung 2

Das zweigestrichene a"

Das **zweigestrichene a"** liegt auf der *ersten Hilfslinie oberhalb der Notenlinien rechts neben* der Taste von **g"**. Im folgenden Solstück *La Cumparsita* kommt es erstmals in der ersten Zeile im dritten Takt auf Zählzeit 2 vor.

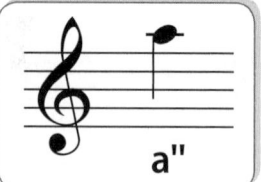

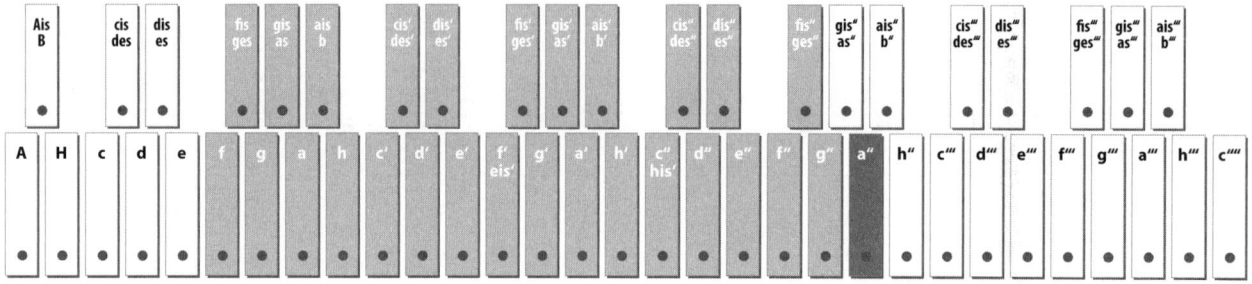

Marcato

Soll ein *Akzent besonders stark gespielt* werden, wird dem jeweiligen Ton ein *kleines Dach („Dachakzent")*, das sogenannte ***marcato-Zeichen*** [*ital.: hervorgehoben, markant*], aufgesetzt, das anzeigt, dass diese Töne doppelt so stark betont werden müssen.

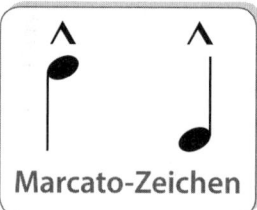

Der folgende *Tango* ist gerade hinsichtlich der unterschiedlichen Akzente eine weitere musikalische Herausforderung. Aber auch die anderen Töne werden sehr kraftvoll angeschlagen. So gilt auch hier mal wieder: *Ohren spitzen beim Marimbaspiel!*

CD 276 **La Cumparsita** Tango; Musik: Gerardo H. M. „Becho" Rodríguez (1897–1948)

Einstiegstempo: ♩= 72 Mittleres Tempo: ♩= 96 Originaltempo: ♩= 120

con brio

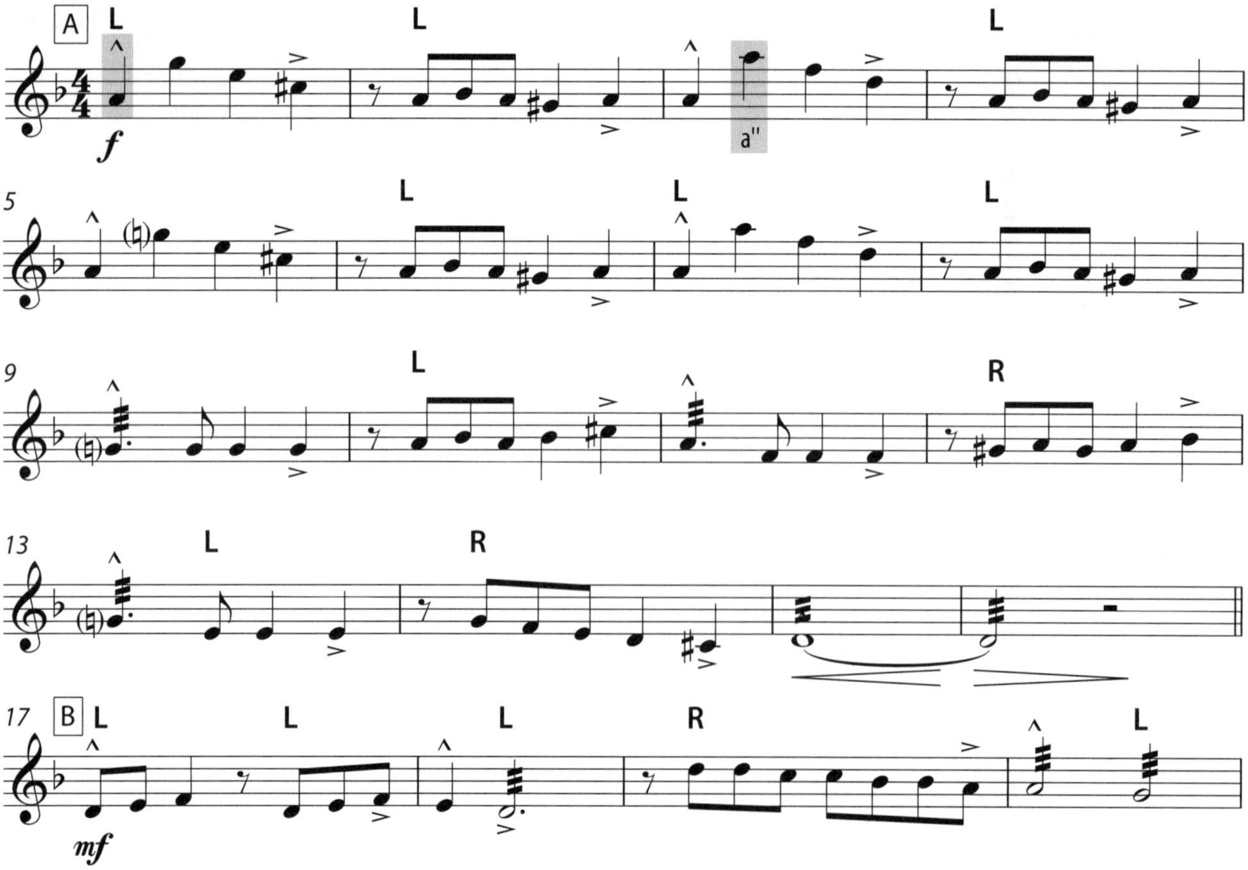

Kapitel 8: MarimBalance: Musikalische Gestaltung 2

Katjana (Marimba-Solo)

CD 277

Musik: Elisabeth Amandi (2017)
© Copyright 2020 by Alfred Music

Einstiegstempo: ♩=72   Mittleres Tempo: ♩=100   Originaltempo: ♩=132

Kapitel 8: MarimBalance: Musikalische Gestaltung 2

195

CD 278 — **Jacinta, amore mio** (Marimba-Solo)

Musik: Elisabeth Amandi (2018)
© Copyright 2020 by Alfred Music

Einstiegstempo: ♩ = 60   Mittleres Tempo: ♩ = 88   Originaltempo: ♩ = 112

Fünf Kreuz-Vorzeichen

Die Tonart mit **fünf** ♯-Vorzeichen ist **H-Dur**. Zu den vier bekannten ♯-Vorzeichen für das **fis, cis, gis** und **dis** kommt jetzt das **ais** (*vgl. S. 68*) dazu, bei dem das **a** um einen Halbton *erhöht* wird. Du schlägst *rechts* vom **a** in der oberen chromatischen Tastenreihe die *rechte Taste der Dreiergruppe* an. Du kennst diese Taste bereits. Es ist dieselbe, welche für das **b** (*vgl. S. 75*) verwendet wird.

Mir macht es immer viel Spaß, in Tonarten mit vielen Vorzeichen zu musizieren, weil es einfacher ist, sich auf den fünf oberen Tasten zu bewegen und nur wenige Töne auf der unteren, diatonischen Tastatur zu benutzen.

REGEL:
Jedes ♯-Vorzeichen am Anfang der Notenzeilen verändert alle Töne im gesamten Musikstück, die mit dem gekennzeichneten Ton im Abstand von Oktaven stehen.

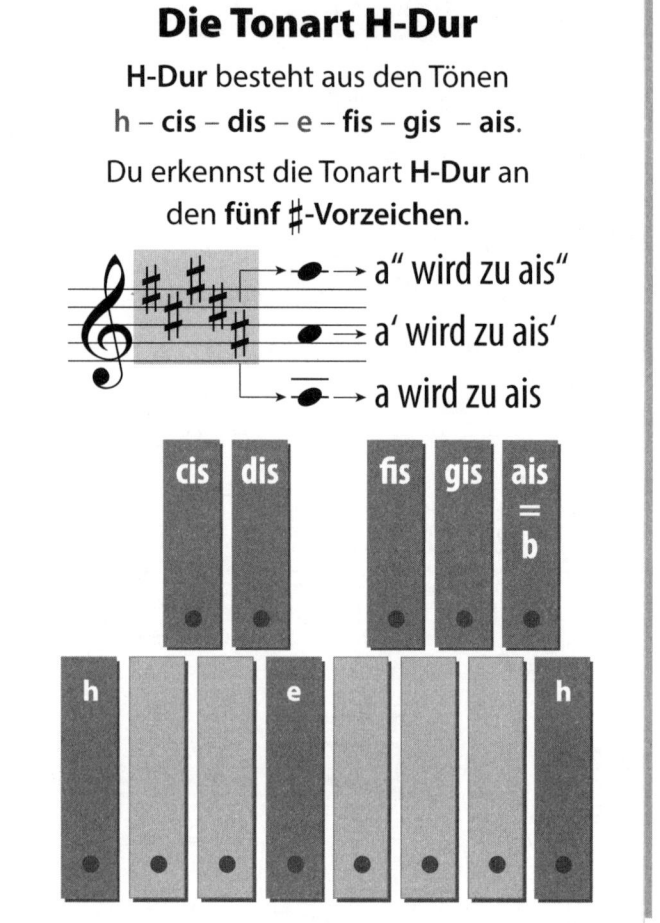

Kapitel 8: MarimBalance: Musikalische Gestaltung 2

Das zweigestrichene h"

In *Ay, Ay, Ay* tritt erstmals das **zweigestrichene h"** auf (*siehe Graumarkierung*). Es kommt erstmals in der vierten Zeile im vierten Takt auf dem letzten Achtel vor.

Kapitel 8: MarimBalance: Musikalische Gestaltung 2

Im folgenden chilenischen Lied habe ich bei den wiederkehrenden Melodiemotiven nicht nur die Lage gewechselt, sondern intuitiv *kleine melodische Verzierungen* in die Melodie eingeflochten. Und auch hier ist die *Wellendynamik* angesagt, um das südamerikanische Flair zu erleben!

Das folgende Lied ist rhythmisch mit seinen vielen *Synkopen* typisch für die *lateinamerikanische Musik*! Die Synkopen sollen leicht betont werden – und alles Weitere wird entspannt über die Tasten schwebend gespielt. Es hört sich an, als wenn Palmen im Winde wehen – einfach karibisches Flair sage ich nur!

Kapitel 8: MarimBalance: Musikalische Gestaltung 2

Das zweigestrichene b″

Im folgenden Lied *Cielito lindo* kommt das **b″** erstmals vor. Es wird über der *1. Hilfslinie* über den Notenlinien notiert. Du schlägst das **b″** auf der *chromatischen Tastatur* oben auf der *rechts vom a″* liegenden *dritten Taste der Dreiergruppe* an. Du findest das **b″** erstmals auf der nächsten Seite, fünfte Zeile, in *Takt 60* auf der ersten Zählzeit von *Cielito lindo*.

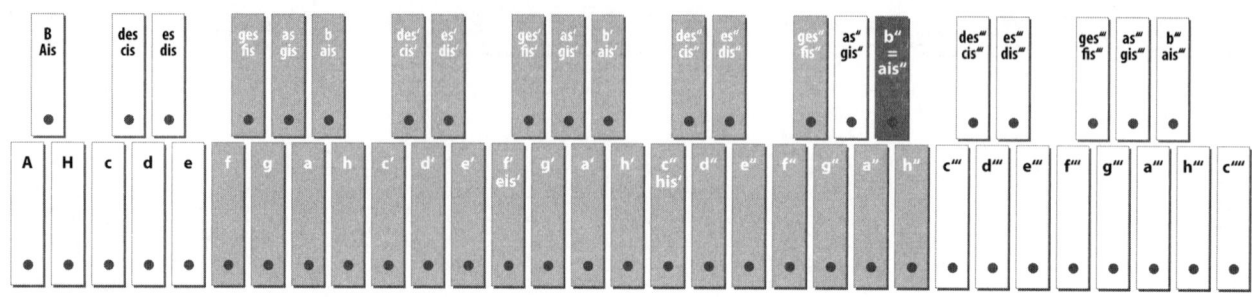

Cielito lindo

CD 284 — Traditional aus Mexiko

Einstiegstempo: ♩=76   Mittleres Tempo: ♩=126   Originaltempo: ♩=176

con brio

Das dreigestrichene c''' und d'''

In *Habanera* stoßen wir erstmalig auf *dreigestrichene Töne*. Das **c'''** wird auf der *2. Hilfslinie* über den Notenlinien notiert. Das **d'''** darüber. *Habanera* und *Kalinka* (*S. 207*) werden sehr *agogisch* gespielt. Damit ist gemeint, dass sie ständig im Tempo schwanken. Ich habe es ansatzweise notiert und zwischendurch in *Habenera* immer wieder *rit.* und *a tempo* (*vgl. S. 144*) eingetragen. Am besten ist, sich unterschiedlichste Versionen davon anzuhören, um dafür ein Gespür zu entwickeln. Und wenn dann noch eine starke *Wellendynamik* angewendet wird, dann ist es Musik pur – viel Spaß dabei!

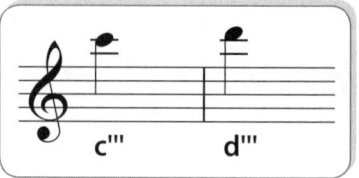

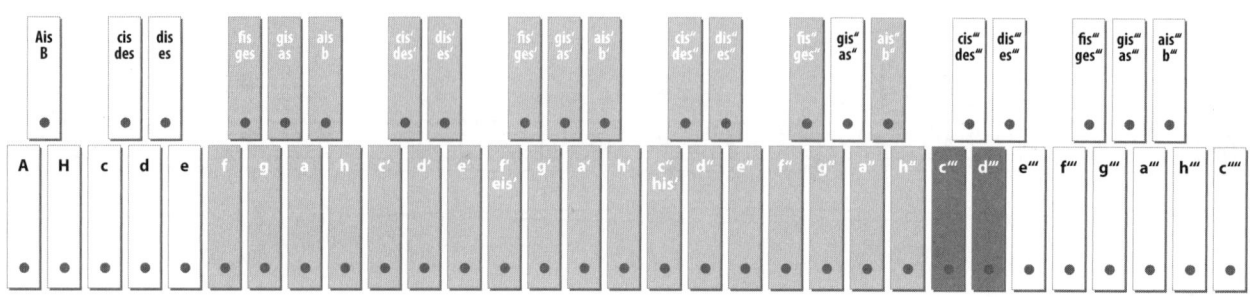

CD 285 **Habanera** Musik aus der Oper Carmen von Georges Bizet (1838–1875)

Einstiegstempo: ♩= 50 Mittleres Tempo: ♩= 60 Originaltempo: ♩= 72

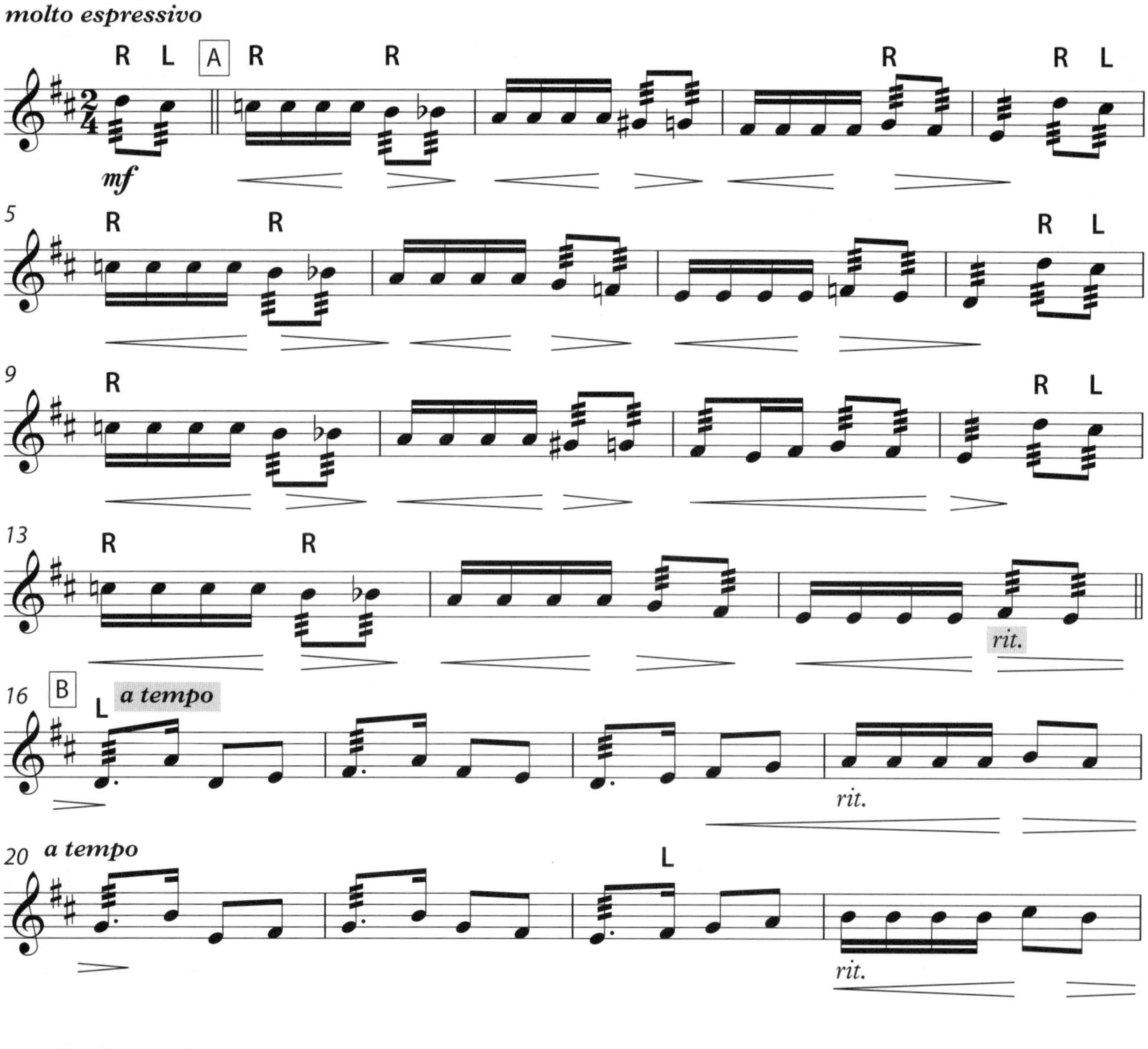

Kapitel 8: MarimBalance: Musikalische Gestaltung 2 207

Noch extremere Temposchwankungen finden sich in *Kalinka*, in dem sogar das Grundtempo extrem langsam wird, um dann wieder ins ursprüngliche Tempo zurückzukehren und am Schluss beim **accelerando** noch schneller zu werden! Da geht die Post ab – viel Vergnügen!

accelerando (accel.)
[*ital.*]: schneller werdend

Kalinka
Musik & Text: Ivan P. Larionov (1830–1889)

CD 286

Einstiegstempo: ♩ = 72 + 30
Mittleres Tempo: ♩ = 110 + 40   Originaltempo: ♩ = 138 + 50

Vivace [*ital.*]: lebhaft, munter

Lento [*ital.*]: langsam

URKUNDE

für

_____

die/der das *Kapitel 8* von

GARANTIERT MARIMBA LERNEN

mit Erfolg

abgeschlossen hat.

Lehrer _____

Datum _____

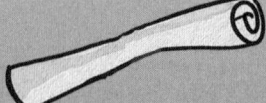

Kapitel 9: Konzertstücke

Im *letzten Kapitel* habe ich Musiktitel ausgewählt, die ich in *meinen Konzertprogrammen* gespielt habe und noch immer spiele. Ich notiere nur ab und zu die Handsätze, alles andere habe ich durch das lange Marimbaspiel verinnerlicht. Unabhängig davon kann jeder seine eigenen Handsätze nach folgenden Regeln immer selbstständig ergänzen.

HANDSATZREGELN:

1. *Spiele grundsätzlich mit R und L abwechselnd!*
2. *Vermeide Kreuzungen bei größeren Sprüngen.*
3. *Vermeide, mit einem Schlägel mehr als zweimal nacheinander zu spielen.*
4. *Doppelschläge werden dort eingesetzt, wo sie notwendig sind, um z.B. spätere Kreuzungen zu vermeiden.*
5. *Handsätze werden davon beeinflusst, ob du Rechts- oder Linkshänder bist.*
6. *Bei Aufwärtsbewegungen führt die rechte Hand.*
7. *Bei Abwärtsbewegungen führt die linke Hand.*
8. *Wenn du dir über den Handsatz nicht schlüssig bist, experimentiere mit den Möglichkeiten. Notiere den Handsatz zunächst mit Bleistift, um ihn so lange zu ändern, bis du damit zufrieden bist.*
9. *Denke daran, dass primär die musikalische Interpretation einer Melodie im Vordergrund steht und nicht die Bequemlichkeit.*

FAZIT: *Ein guter Handsatz ist Gold wert!*

Dynamik selbst festlegen

In der Konzertpraxis habe ich gelernt, bei Musiktiteln, in denen keine Dynamik vorgegeben ist, die Dynamik nicht sofort festzulegen, sondern beim Einstudieren immer wieder verschiedene Varianten auszuprobieren, bis ich letztendlich die mir passende gefunden habe und diese auch notiere. In einigen Titeln habe ich deshalb bewusst keine oder wenig Dynamik notiert, so dass du deine eigene Dynamik festlegen und damit deine eigene musikalische Handschrift finden kannst.

In meinen Konzertstücken notiere ich mir genau, mit welchen Schlägeln ich sie jeweils spiele. Eine Angabe, welcher Härtegrad optimal ist, findest du deshaklb zu jedem der folgenden Stücke.

Das zweigestrichene as"

Im folgenden Tango *El Choclo* kommt der Ton **as** in verschiedenen Oktavlagen vor. Das **kleine as** und das **eingestrichene as'** sind dir bereits bekannt. Neu ist das **zweigestrichene as"** auf der *1. Hilfslinie über den Notenlinien*. Du schlägst das **as"** auf der *chromatischen Tastatur* auf der *mittleren Taste jeder Dreiergruppe rechts oberhalb des zweigestrichenen g"* an. Erstmals findest du das **as"** in der dritten Zeile in *Takt 10*.

El Choclo ist – neben *La Cumparsita* – einer der meist gespielten Tangos. Ich habe ihn schon seit meinem ersten Konzert im Programm. Dabei spiele ich die *Akzente* bewusst *sehr hart* und schaffe damit eine tolle *tänzerische Atmosphäre*. Lass die Schlägel im Tangorhythmus über die Tasten flitzen.

CD 287 — **El Choclo** — Musik: Ángel G. Villoldos (1861–1919)

Spiele mit mittelharten Schlägeln!

Kapitel 9: Konzertstücke

Diese heitere folkloristische Melodie habe ich in vielen Konzerten mit dem *Ariadne Duo* musiziert! Ungewöhnlich ist die *übermäßige Sekunde* zwischen dem **b** und **cis**, erstmals im *dritten Takt* bei den *ersten beiden Sechzehntelnoten*.

Kapitel 9: Konzertstücke

Die dreigestrichenen Töne cis''' und e'''

Das dreigestrichene **cis'''** wird auf der *2. Hilfslinie* über den Notenlinien notiert und das dreigestrichene **e'''** auf der *3. Hilfslinie*. Neu ist auch das zweigestrichene **gis''** in *Takt 101*. Die Taste ist dir vom zweigestrichenen **as''** (*vgl. S. 210*) schon bekannt.

Souvenir de Cirque Renz bzw. der deutsche Titel *Erinnerung an Zirkus Renz* ist von Gustav Peter um die Jahrhundertwende vom 19. zum 20. Jahrhundert für das *vierreihige Xylophon* komponiert worden. Da es auch optisch sehr spektakulär ist, trug diese Komposition entscheidend dazu bei, dass das Xylophon und seine verwandten Melodie-Percussioninstrumente als virtuose Solo-Instrumente in der Unterhaltungsmusik immer populärer wurden.

Während meiner Studienzeit war *Zirkus Renz* mein Favorit zum Trainieren meiner Virtuosität, weil ich dabei viel mehr Spaß hatte als bei den eintönigen Tonleiterübungen. Gerade am Anfang meiner Marimba-Karriere habe ich es sehr gerne als Schlussnummer gespielt, als sogenannten *Rausschmeißer*. Ich finde, es ist eine gelungene Komposition, die alles hat, was es braucht. Das Publikum ist begeistert davon und bekommt Lust auf mehr!

Ich habe jetzt für die große Marimba eigene Lagenwechsel eingebaut und Akzente notiert. Sonst habe ich mich an der Version meines Schlagzeugprofessors von der Würzburger Musikhochschule orientiert.

Das hier genannte Tempo ist ein hoch gestecktes Ziel, doch auch schon ein wenig langsamer beeindruckt *Zirkus Renz* immer – versprochen!

Kapitel 9: Konzertstücke

Kapitel 9: Konzertstücke

Nun folgen *fünf eigene Kompositionen* aus meinem Konzertprogramm, die ich für diese Schule etwas leichter gesetzt habe, damit sie auch *mit zwei Schlägeln* spielbar sind. Du kannst dir daraus eine *kleine Suite für ein Konzert* zusammenstellen.

In *Flavina*, einem einstimmigen Latin-Tanz, sind keine Handsätze notiert, damit du dir deine eigenen optimalen Handsätze selbst ausdenken und notieren kannst.

Kapitel 9: Konzertstücke

Über den Besuch von vielen Jazzkonzerten entwickelte ich ein Faible für swingende Musik. So blieb es nicht aus, auch Kompositionen in Bluesharmonik und im Swingfeeling zu schreiben wie das folgende Stück *Pamelinda*.

Swing

Im *Swing* zu spielen heißt, die Achtel *anders* zu interpretieren. Das bedeutet, du spielst die erste von zwei Achtelnoten etwas länger als die zweite (*lang – kurz*). Wenn du jetzt noch die *erste Achtel tenuto* (vgl. S. 182) und die zweite Achtel *staccato* (vgl. S. 178) spielst, solltest du leichter in das Swing-Feeling hineinkommen. Am besten zu erspüren ist dies, wenn du dir den *Track 291 Pamelinda* auf der CD anhörst. *Wichtig ist: Bleibe relaxed*, dann kann es kommen das „lässige Gefühl" des Swings.

Eine neue spieltechnische Herausforderung sind die **Doppelschläge in Oktaven**, die mit *beiden Händen gleichzeit*ig ausgeführt werden. Als *Handsatzregel* gilt hier: die *obere Melodie wird mit Rechts* und die *untere Melodie mit Links* gespielt. Es hilft am Anfang sehr, zunächst *jede Hand einzeln* für sich zu üben und dann erst beide zusammenzufügen. *Keep swinging!*

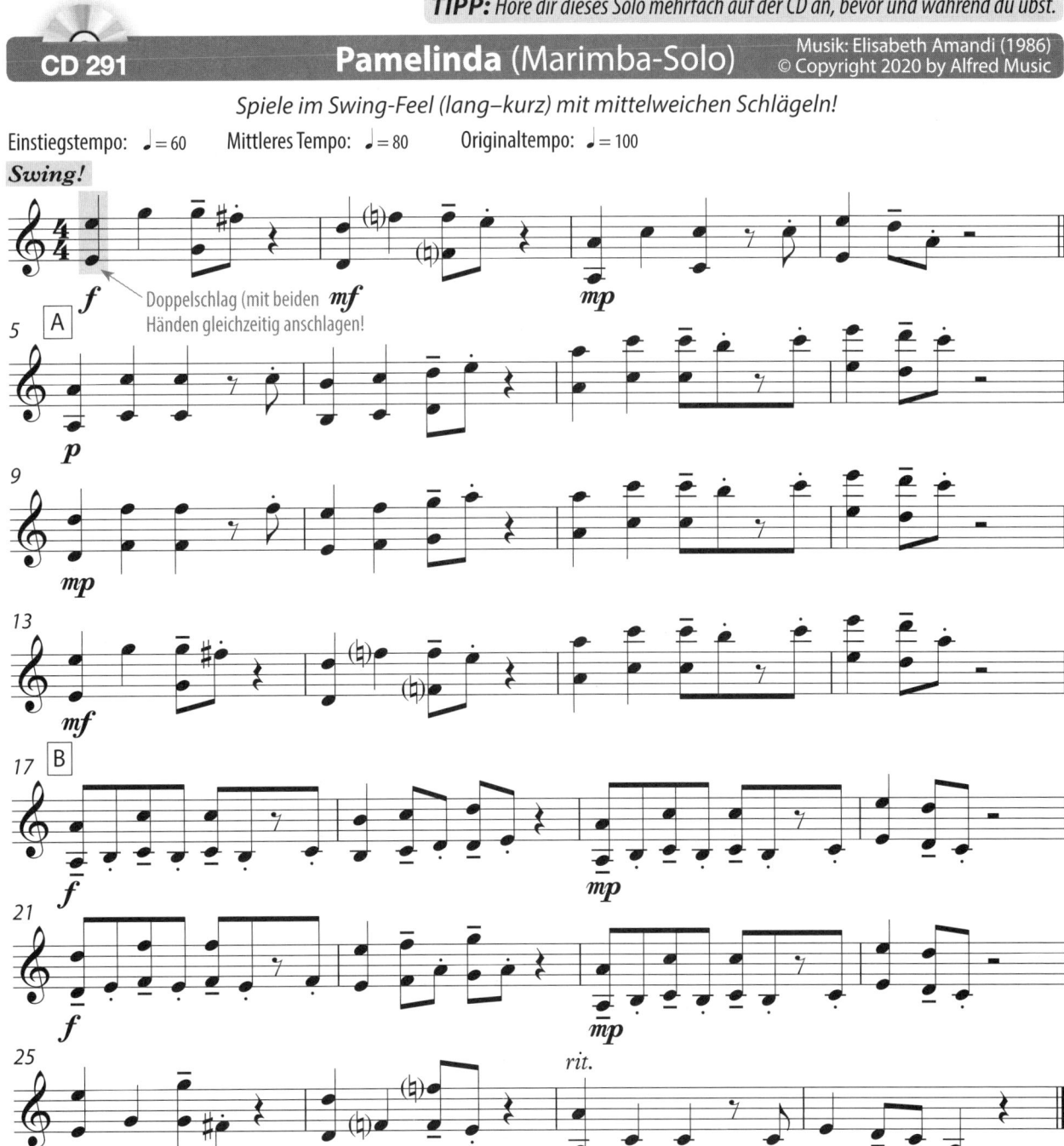

In *Velika va al ballo* habe ich erstmals *durchgehend Doppelschläge* eingesetzt. Die Intervalle wechseln dabei von der Terz über die Sexte bis zur Oktave. Hier wird die Melodie nur in der Oberstimme mit der rechten Hand gespielt und die dazu passenden Harmonietöne in der Unterstimme mit der linken Hand. Bewusst habe ich die linke Hand mit wenig Tonwechseln versehen. Zur besseren Orientierung empfehle ich, sich die Melodiestimme mit einem farbigen Stift zu markieren und in der Unterstimme immer den wechselnden Ton farbig zu markieren, eine wirklich große Hilfe gerade am Anfang.

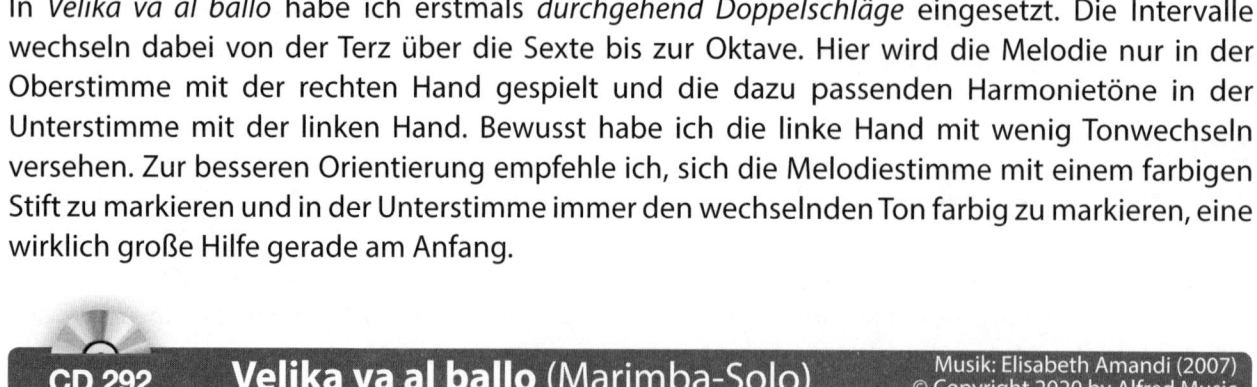

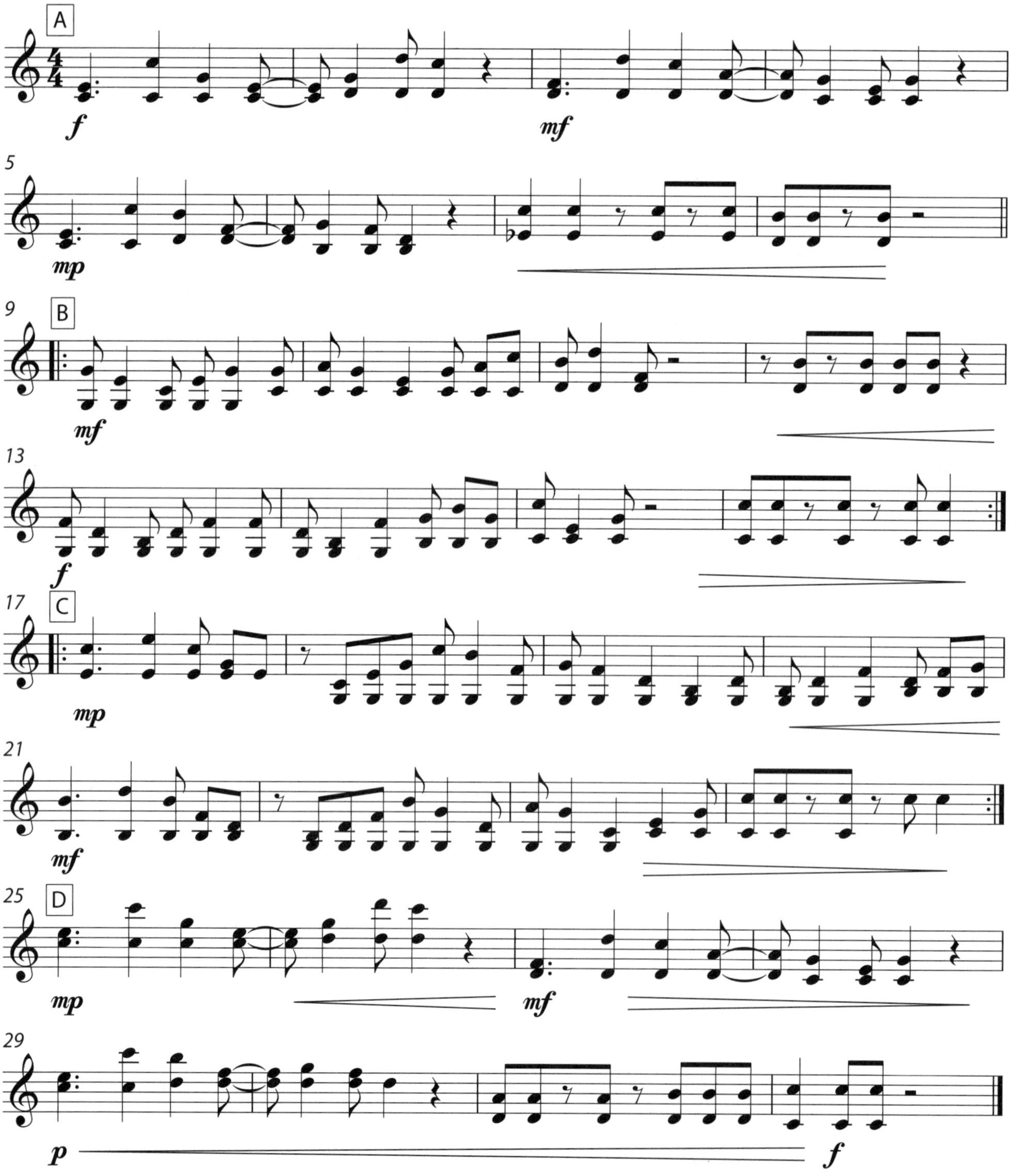

Die dreigestrichenen Töne f''', fis''' und g'''

In *Octavia* wird der Tonraum durch drei neue Töne nach oben erweitert. *Octavia* ist ebenfalls ein *Swing* (*vgl. S. 219*). Das fast durchgehende *Oktavenspiel* in der unteren Lage (z.B. Teil B) ist anspruchsvoll. Die Tasten werden breiter, so dass die Abstände zwischen beiden Händen variieren. Übe erst *jede Hand einzeln*.

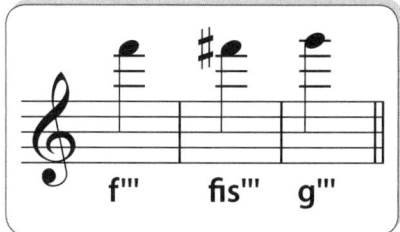

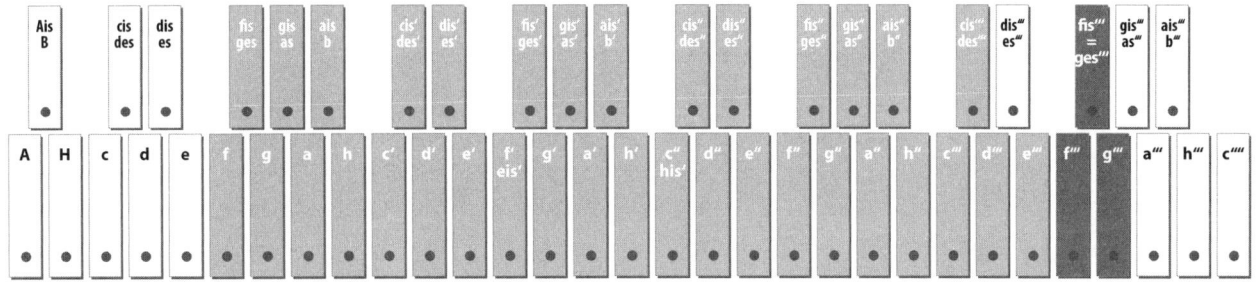

CD 293 — **Octavia** (Marimba-Solo)

Musik: Elisabeth Amandi (1987)
© Copyright 2020 by Alfred Music

Spiele im Swing-Feel (lang–kurz) mit mittelweichen Schlägeln!

Einstiegstempo: ♩ = 48   Mittleres Tempo: ♩ = 72   Originaltempo: ♩ = 92

TIPP für Xylophon und Vibraphon:
Spiele Teil A eine Oktave tiefer als notiert!

Nodanja ist meine allererste notierte Komposition, damals schön mit der Hand auf einem Notenblatt sauber geschrieben. Auch heute noch entwickle ich Melodien immer direkt am Instrument und schreibe sie mit Bleistift auf ein Notenblatt, so dass ich jederzeit korrigieren kann. Erst wenn ich damit zufrieden bin, gehe ich an den Computer.

Bei der Durchsicht meiner handgeschriebenen Skripte fiel mir diese kleine Melodie wieder in die Hände und ich war überrascht, dass sie mir noch immer so gut gefiel, dass ich sie hier als letzte meiner Kompositionen einfüge.

Es ist eine fast meditative Melodie, die durchgehend bis auf die Sechzehntelnoten am Schluss tremoliert wird und dazu zwischen Einstimmigkeit und Doppelschlägen wie Terz, Sexte oder Oktave wechselt. Es ist nicht einfach! Genieße trotzdem jeden Moment auf dem Weg, bis du *Nodanja* auf deiner Marimba „zum Singen" bringst.

Das kleine e

Im nächsten Stück *Le Cygne* (*Der Schwan*) wird der Tonraum nach unten zum **kleinen e** erweitert. Das **kleine e** wird unter der *3. Hilfslinie* unterhalb des Notensystems notiert. Du findest es in der zweiten Zeile in *Takt 4* als ersten Ton. Der Tonraum von *Xylophon* und *Vibraphon* reicht nur bis zum **kleinen f**. Aus diesem Grunde wird das **kleine e** in *Le Cygne* auf *Xylophon* und *Vibraphon* weggelassen.

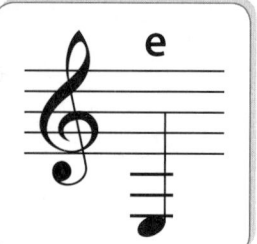

Am Anfang meines Konzertierens an der Marimba suchte ich für mein Duo nach Musik für Melodieinstrument und Klavier. Da ich in meinem Programm gerne ruhige, ja meditative Musik spielen wollte, wählte ich unter anderem *Le Cygne* (*Der Schwan*) aus dem bekannten *Karneval der Tiere* aus. Diese wunderschöne Melodie wollte ich schon lange liebend gerne auf der Marimba spielen.

Im Original wird *Der Schwan* einstimmig auf dem Cello gespielt. Das eins-zu-eins auf die Marimba zu übertragen, hat mich klanglich nicht überzeugt. So tremolierte ich die Melodie durchgehend *zweistimmig in Oktaven* und bin dabei geblieben, obwohl es dadurch nicht leichter zu spielen ist, aber voller klingt, und das war und ist mir wichtig!

Ich habe das Stück in der *Originaltonart* gelassen, was bedeutet, dass es einmal nach unten **bis zum kleinen e** geht. Auf der Marimba ist das kein Problem, jedoch auf einem Xylophon oder Vibraphon gibt es diesen Ton nicht.

Wundere dich nicht über den *Pausentakt* am Anfang. Im Original fängt dort die Begleitung auf der Harfe bzw. dem Klavier alleine an. Da ich hier die Originaltonart verwende, kannst du es dann auch mit Begleitung musizieren.

Dieser *Tango Argentino* von dem spanischen Komponisten Joaquín Valverde Durán ist ein Titel, den ich immer noch sehr gerne in meinen Konzerten als Zugabe spiele.

Er wurde in der Zeit komponiert, als der Tango in Argentinien populär wurde. Das veranlasste Valverde, eine eigene tolle Instrumentalversion des argentischen Tangos zu schaffen. Der *Tango Argentino* verlangt von dir eine exakte, rhythmisch-prägnante Spielweise und dabei aber auch dynamisches Feingefühl. Dann könnte *Tango Argentino* zu einem Lieblingsstück deines Publikums werden! Lass die Schlägel über deine Marimbatasten im Rhythmus des Tangos tanzen!

Neu ist das *Glissando* in Takt 12 am Ende der dritten Zeile. Beim Glissando verbindest du zwei Töne miteinander, indem du mit dem Schlägelkopf vom Ausgangston über alle dazwischen liegenden Tasten hörbar bis zum Zielton gleitest. In Takt 57 und beim Schluss-Glissando gleitest du über zwei Oktaven (*8va*)!

Glissando

Tango Argentino
Musik: Joaquín Valverde Durán (1846–1910)

CD 296

Spiele sehr rhythmisch betont mit mittelharten Schlägeln!

Einstiegstempo: ♩ = 50   Mittleres Tempo: ♩ = 63   Originaltempo: ♩ = 76

Kapitel 9: Konzertstücke

8va-Zeichen (siehe nächste Seite)

Zweiunddreißigstelnoten

Zweiunddreißigstelnoten (*32tel*) werden mit **drei Balken bzw. drei Fähnchen** dargestellt. Sie werden doppelt so schnell gespielt wie die Sechzehntelnoten. Lass dich davon aber nicht beeindrucken: Stücken mit 32teln liegt in der Regel ein wesentlich langsameres Grundtempo zugrunde, so dass dir genügend Zeit bleibt, die 32tel auszuspielen. In meiner Rhythmussprache verwende ich **Ta la ra la ki li ri li** für die 32tel. Schreibe dir die Silben direkt unter die jeweiligen Noten und übe immer mit *Metronom*.

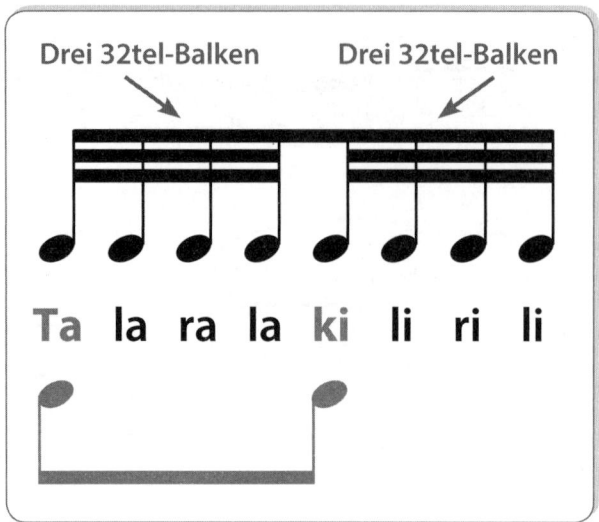

Mit Freude arrangierte ich einige Tänze aus dem *Nussknacker* von Peter I. Tschaikowsky für mein Quintett *MarimbaBanda* um. Zwei Titel habe ich nun hier eingebunden, da sie auch mit zwei Schlägeln spielbar sind.

Der *Danse des mirlitons* (*Rohrflötentanz*) wird auf der Marimba *eine Oktave – also acht Tasten – höher* gespielt als notiert, zu erkennen an dem ***8va*-Zeichen** mit gestrichelter Linie über der Melodie. Er ist gut mit zwei Schlägeln spielbar, obwohl ich ihn selbst bevorzugt mit vier Schlägeln spiele.

TIPP für Xylophon und Vibraphon:
*Spiele **Danse des mirlitons** ohne Oktavierung!*

CD 297 — Danse des mirlitons
Aus „Der Nussknacker"
Musik: Peter I. Tschaikowsky (1840–1893)

Spiele entspannt mit mittelharten Schlägeln!

Moderato [ital.]: gemäßigtes Tempo

Einstiegstempo: ♩ = 40   Mittleres Tempo: ♩ = 52   Originaltempo: ♩ = 63

Moderato

Kapitel 9: Konzertstücke

229

Kapitel 9: Konzertstücke

Den *Trepak* aus Tschaikowskys Ballett *Der Nussknacker* habe ich bereits während meines Studiums für Marimba und Klavier arrangiert und in mein Programm eingebunden. Ich habe ihn immer gerne geübt und gespielt, weil es sich um einen besonders temperamentvollen Tanz handelt, mit dem man seine Schnelligkeit und Beweglichkeit an der Marimba optimieren kann.

TIPP für Xylophon und Vibraphon:
- Spiele von Takt 72 ab den letzten vier 16teln bis zum Ende von Takt 88 **eine Oktave tiefer**!
- Spiele im letzten Takt den letzten Ton (**g'''**) ebenfalls **eine Oktave tiefer (g'')**!

CD 298

Danse Russe (Trepak)

Spiele rhythmisch exakt mit mittelharten Schlägeln!

Allegro [*ital.*]: schnell, munter, fröhlich

Einstiegstempo: ♩ = 60   Mittleres Tempo: ♩ = 96   Originaltempo: ♩ = 132

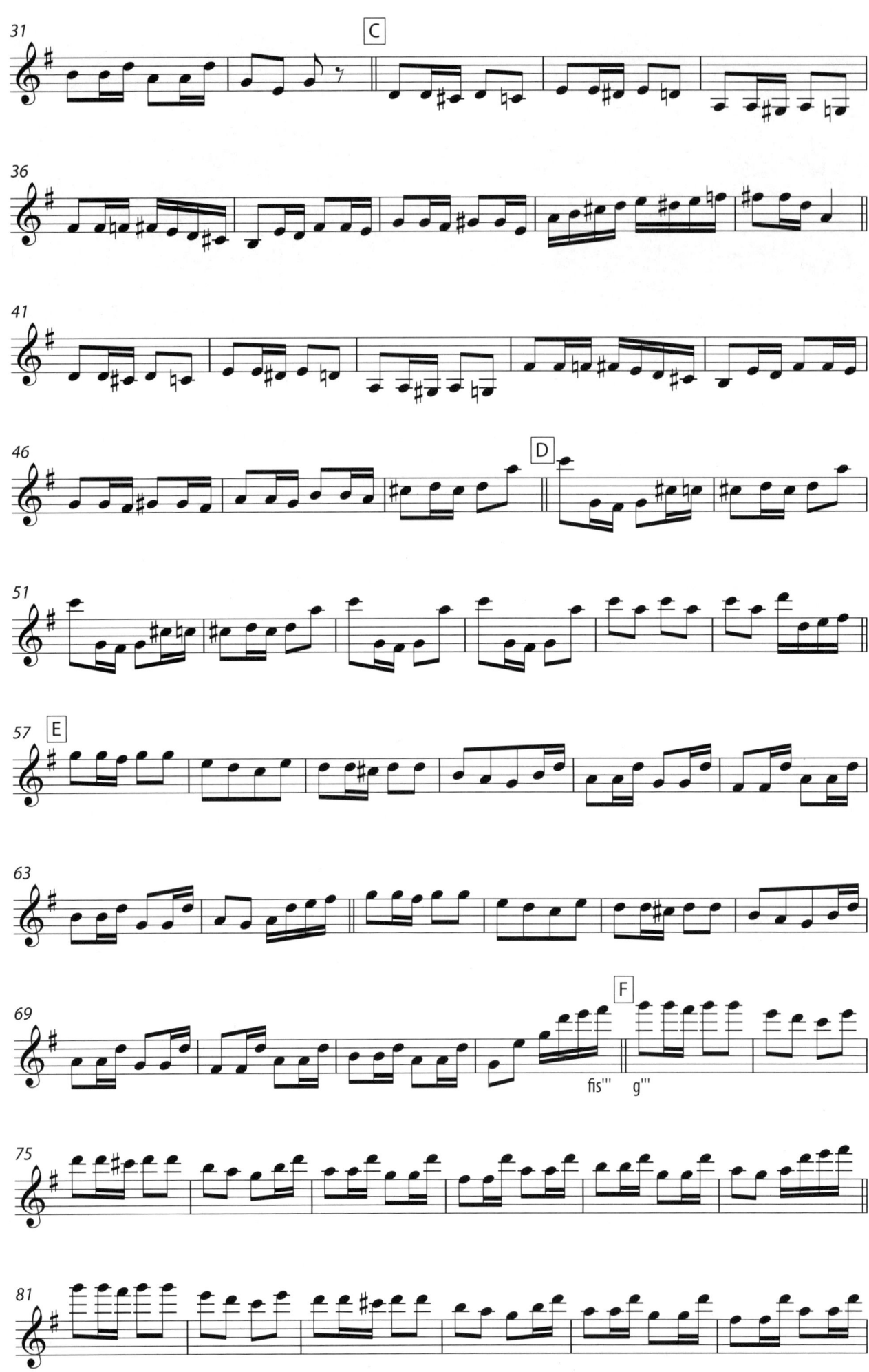

Kapitel 9: Konzertstücke

Als klassisch ausgebildete Musikerin war ich total fasziniert, als ich den *Entertainer* erstmals als Titelmelodie in dem Kinofilm *Der Clou* hörte. Ich besorgte mir die Noten und habe mich intensiv mit dem amerikanischen Ragtime beschäftigt und ihn auf Basis meines Musikstudiums analysiert. Neuartig für mich waren die *stark synkopierten Sechzehntelrhythmen*, das sprach meine rhythmische Schlagzeugerseele an. Ich begann, ihn und andere Ragtimes auf die Marimba zu übertragen, wobei ich die Akkorde wegließ. Die Oktaven-Lagenwechsel in kurzen Abständen stammen aus meiner Feder, weil es auf der Marimba musikalisch interessanter klingt. Da im Original für Klavier keine Dynamik vorkommt, habe ich sie auch weggelassen, empfehle aber, eigene Dynamiken einzubauen.

CD 299

The Entertainer

Ragtime
Musik: Scott Joplin (1868 –1917)

Spiele mit mittelharten Schlägeln im Ragtime-Feel!

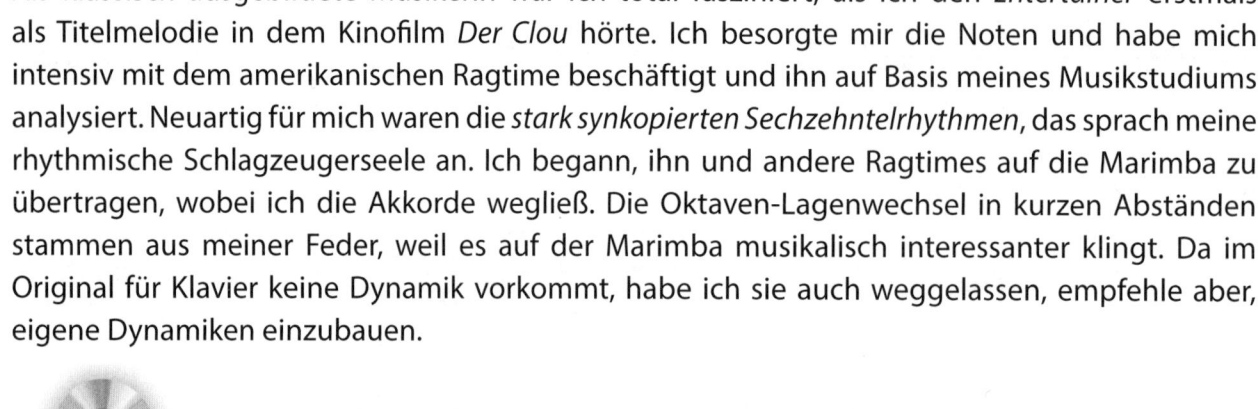

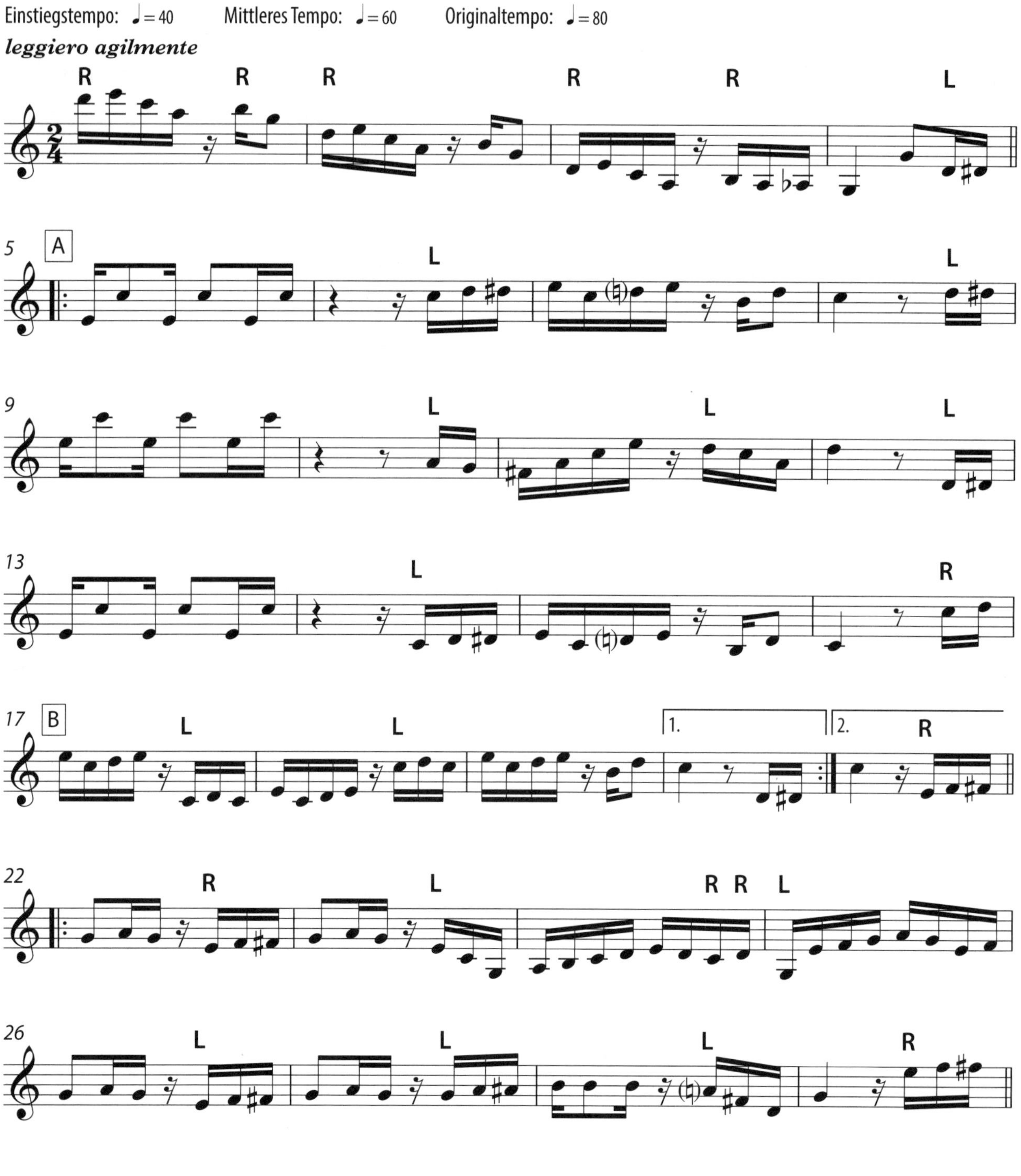

Kapitel 9: Konzertstücke

Kreatives Schaffen als Marimbasolistin, Komponistin und Autorin

Marimbaszenen LP, CD + MC mit dem Ariadne Duo
Chopin meets Streisand CD mit dem Amandi KlangPerlenSpiel
Mambo, Cha Cha + Tschaikowsky CD + DVD mit der Amandi MarimbaBanda
RITMO VITO CD mit der Amandi MarimbaBanda
Die GLÜCKSHAUT Hörbuch mit der Amandi MarimbaBanda
Die schlaue Köchin Hörbuch mit der Amandi MarimbaBanda

KOMPOSITIONEN:
30 Marimbasolos in „Garantiert Marimba lernen"
(Alfred Music)
RITMO VITO - Suite für Marimba, Streichorchester, Piano + Percussion (FURORE Musikverlag)
"Stabspiel-Pyramide 1 & 2" (Eres Edition)
"Augmentation + Floating"
"Membrano a Tré" + "Rotazio a Tré"
"Samba Batu" + "Samba Cada"
"Tremollino Malletino" + "A la Pentatonie"
"Trommeli Tom-Tom " + "Trim-Tram-Trom-Trum"
(Zimmermann Musikverlag)

SPIELHEFTE für MARIMBA:
"Im Rhythmus des Barocks" für Marimba + Klavier
"Im Rhythmus des Ragtime I" Marimba + Klavier
"Im Rhythmus des Ragtime II" Marimba Duo
"Im Rhythmus des Ragtime III" Marimba Trio
(Zimmermann Musikverlag)

LEHRHEFTE für Percussion:
"Im Rhythmus der Bongos"
"Im Rhythmus der Congas"
(Francis, Day & Hunter)
"BongoRitmo"
(Zimmermann Musikverlag)
"Klasse Percussion"
(Edition Peters)

KONZERTE als Marimbasolistin: 1980 - Heute
Konzerte mit Orchestern wie Philharmonisches Orchester Würzburg u.a.
und Ensembles wie Amandi MarimbaBanda (Marimba, Klavier, Gitarre, Percussion)
Amandi KlangPerlenSpiel (Marimba, Harfe) Amandi-Egger-Duo (Marimba, Gitarre)
Amandi-Prediger-Duo (Marimba, Gitarre) Amandi Duo (Marimba, Vibraphon)
Ariadne Duo (Marimba, Klavier) Lissi und Sissi (Marimba, Klavier)
Auftritte in MEDIEN: 1975 - Heute
Auftritte als Marimbasolistin in Funk und Fernsehen bei BR, TV weiß-blau, SWR, NDR, WDR, ZDF,
darunter 1981 spektakulärer Auftritt in der ZDF-Show "Wetten dass..."
mit der allerersten "Hummelflugwette" an der Marimba
Engagment als Musikredakteurin und Moderatorin bei TELE 5 in München, wo Elisabeth Amandi in
über 20 Kindersendungen von "Musik in Bim Bam Bino" zahlreiche Kinder mit ihren Instrumenten
wie Geige, Trompete, Hackbrett, Cello, Trommeln u.a. präsentierte.

Der *Hummelflug* war mein zweites Trainingsstück während meines Schlagzeugstudiums. Hier konnte ich am besten chromatische Tonleitern auf und ab üben – und es klang sogar gut. Der *Hummelflug* wird auf der Marimba eine *Oktave höher* gespielt als notiert, zu erkennen an dem *8va*-Zeichen mit gestrichelter Linie über der Melodie. Auf dem *Xylophon* bzw. *Vibraphon* müssen Abschnitte teilweise höher gesetzt werden wegen der **Überschreitung des Tonumfangs**. Vom Handsatz her kannst du ausprobieren, ob du mit Rechts oder Links führst. Da gibt es weder richtig noch falsch!

Mit diesem virtuosen Solostück hatte ich 1981 in der Fernsehsendung „Wetten dass ..." eine Wette angeboten, den *Hummelflug* schneller spielen zu können als ein Geiger auf der Violine. Ich auf der riesengroßen, scheinbar schwerfälligeren Marimba und der Geiger auf seiner kleinen Violine. Die große Überraschung gelang! Ich konnte die Wette mit 47 Sekunden vor dem Geiger mit 53 Sekunden gewinnen und wurde Wettkönigin des Abends.

TIPP für Xylophon und Vibraphon:
- Spiele den **Hummelflug** grundsätzlich erstmal **ohne Oktavierung**!
- **Ausnahme 1:** Ab Takt 33 bis zur Zählzeit 1 von Takt 48 (**kleines e**) **eine Oktave höher**!
- **Ausnahme 2:** Ab Takt 91 nach der Achtelpause bis Ende von Takt 92 **eine Oktave höher**!

CD 300

Hummelflug

Aus der Oper „Das Märchen vom Zaren Saltan"
Musik: Nikolai A. Rimski-Korsakow (1844–1908)

Spiele mit leichten, mittelweichen Schlägeln!

Einstiegstempo: ♩ = 60   Mittleres Tempo: ♩ = 112   Originaltempo: ♩ = 160

Con spirito

con spirito [*ital.*]: mit Esprit

Kapitel 9: Konzertstücke 239

URKUNDE

für

_____

die/der alle *300 Songs und Konzertstücke* von

GARANTIERT MARIMBA LERNEN

mit Erfolg

abgeschlossen hat.

Lehrer _____

Datum _____

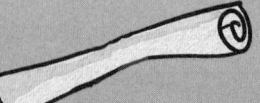